José Micaelson Lacerda Morais

Quatro qualificações e uma teoria

sobre as teorias de desenvolvimento econômico

Capa: José Micaelson Lacerda Morais

Diagramação: José Micaelson Lacerda Morais

Quatro qualificações e uma teoria: sobre as teorias de desenvolvimento econômico/ José Micaelson Lacerda Morais. Crato-CE: *Independently Published*, 2021.

1. Economia política 2. Teoria do valor 3. Desenvolvimento econômico 4. Desenvolvimento capitalista.

Ao mestre com carinho:
Alderico de Paula Damasceno.

ADVERTÊNCIA AO LEITOR

Este livro constitui um dos ensaios produzidos ao longo do ano de 2021, e que em conjunto com "O capitalismo e a revolução do valor: apogeu e aniquilação", foi publicado posteriormente sob o título de "Valor e Desenvolvimento".

Sumário

A crença implícita na existência de um corpo de conhecimento científico adquirido independentemente de todos os juízos de valor é, como eu a vejo, ingênuo empirismo. Os fatos não se organizam a si mesmo em conceitos e teorias apenas por serem contemplados; em verdade, exceto dentro da moldura de conceitos e teorias, não há fatos científicos, mas apenas caos. Existe um iniludível elemento a priori em todo trabalho científico. Interrogações devem ser feitas antes que as respostas possam ser dadas. As interrogações são uma expressão de nosso interesse pelo mundo; são no fundo juízos de valor. Os juízos de valor estão assim necessariamente abrangidos na fase em que observamos os fatos e elaboramos a análise teórica, e não apenas na fase em que tiramos as deduções políticas de fatos e juízos de valor.

Myrdal.

1. Introdução

Em que consiste uma teoria do desenvolvimento econômico? Quais precisam ser seus atributos? O que pretende explicar? Por que existe uma diversidade de teorias do desenvolvimento econômico? Qual o lugar de uma teoria do desenvolvimento num mundo político? Por que nenhuma teoria do desenvolvimento pode ser isenta de interesses? Quais os interesses por trás de uma teoria do desenvolvimento econômico? Por que há teorias do desenvolvimento e teorias do crescimento? Quais relações podemos observar entre existência, reprodução e expansão das economias reais e uma teoria do desenvolvimento? É possível uma teoria do desenvolvimento que não seja política? E, sendo política, a quais interesses (privados e/ou coletivos) e em qual proporção ela pode atender? Foi esse "breve" conjunto de preocupações que deu origem a essa grande aventura: investigar as teorias do desenvolvimento econômico a partir das teorias do "valor". O objetivo foi verificar se a Economia, enquanto ciência, pode servir de instrumento auxiliar na superação da luta pela existência entre os homens, para que um dia, finalmente, possam ser estabelecidos de forma real, e não somente formal, os ideais humanos de liberdade, igualdade e fraternidade (reciprocidade entre iguais).

Essa introdução pode parecer um pouco árdua porque procura introduzir uma questão há muito abandonada pela ciência econômica ortodoxa. Trata-se dos "aspectos políticos da teoria econômica", termo ao qual se refere também o título do livro de Myrdal. Como ele acreditamos que não é possível formular qualquer teoria econômica plausível sem considerar seriamente "premissas de valor", inclusive no âmbito da teoria do desenvolvimento econômico. Todavia, como o próprio autor adverte no prefácio de 1953:

> [...] As premissas de valor não podem ser estabelecidas arbitrariamente: elas devem ser pertinentes e significativas para a sociedade na qual vivemos. Para começar, devem ser formuladas em termos concretos de interesses econômicos realmente perseguidos por grupos de pessoas, e de atitudes humanas reais em relação aos processos sociais. Em circunstância alguma devem as premissas de valor ser representadas, na pesquisa realista, pela espécie de princípios gerais e abstratos de que se valem os economistas de nossa grande tradição da lei natural e do utilitarismo para transpor o abismo entre a ciência objetiva e a política [...] (MYRDAL, 1984, p. 5)

Acreditamos que a contribuição de Myrdal para a teoria econômica ainda não tenha sido de todo entendida, especialmente no que tange ao seu estudo sobre os aspectos políticos da teoria econômica.

Neste livro o nosso ponto de partida foi também uma premissa de valor. Ela possui dois aspectos. O primeiro está relacionado a própria categoria econômica do "valor". O valor enquanto elemento substantivo, o valor econômico, não como valor de troca, nem como preço, mas como uma compleição da utilidade social dos produtos do trabalho humano. Rejeitamos peremptoriamente a premissa de valor utilitarista pela constatação empírica de que as funções sociais são muito mais adequadas para explicar o comportamento humano do que as sensações imediatas de prazer e de dor. O segundo aspecto, derivado do primeiro, coloca a categoria valor como elemento de intermediação entre os interesses econômicos e os ideais civilizatórios ("Valor Social"), ou do grau de civilização possível de ser alcançado (a efetiva realização de igualdade, liberdade e fraternidade – este último no sentido de reciprocidade, ou seja, de igualdade nas relações sociais, pela inexistência de formas de exploração ou expropriação entre os homens).

Apresentamos nossa premissa a partir do contraste entre duas formas de pensar os preceitos econômicos. A premissa utilitarista que nega o caráter de exploração contido nas relações sociais de produção capitalistas. Logo, nega qualquer teoria do desenvolvimento econômico que tenha como fundamento uma teoria do valor substantivo (valor como atributo da força de trabalho humano), que revele formas de exploração e de expropriação do homem pelo homem. Procura, então, elaborar teorias nas quais não exista tal problemática; a partir de uma teoria do valor que elimine qualquer vestígio de excedente econômico e, consequentemente, do conflito distributivo entre capital e trabalho.

Em oposição, nossa premissa pode ser expressa da seguinte forma: a teoria do valor-trabalho ao revelar o valor econômico (resultado das relações sociais estabelecidas entre os homens e entre esses e a natureza, mediados pelo progresso técnico), revela também que a sua produção se realiza através de formas de exploração e de expropriação do homem pelo homem. Logo, uma teoria do desenvolvimento econômico deve, necessariamente, formular soluções para que o processo de produção dos produtos sociais aconteça livre de formas de exploração e de expropriação do homem pelo homem.

Nessa senda, talvez o único meio de garantir a eliminação de formas de exploração e de expropriação entre os sujeitos sociais seja pela igualização dos rendimentos e do consequente igualitário atendimento das necessidades sociais (determinações econômicas e políticas, mas sempre de natureza coletiva); em lugar da satisfação das vontades individuais, privadas (doutrina do interesse).

As necessidades sociais estão relacionadas ao estágio técnico alcançado por uma sociedade. No capitalismo contemporâneo tais necessidades estão associadas a um determinado nível de educação, um certo padrão habitacional, de atendimento médico e hospitalar, produção cultural, possibilidades de lazer; enfim, ao conjunto e a amplitude de funções sociais realizadas por categorias específicas de trabalhadores. As necessidades individuais são de outra natureza. Elas estão associadas as vontades individuais, gostos e preferências individuais. Referem-se a uma satisfação particular que pode ser exteriorizada de várias formas (alegria, tristeza, aceitação, negação, etc), mas uma satisfação que não pode ser sentida diretamente por mais ninguém, além da pessoa que a experimenta.

Nesse sentido, talvez o único caminho possível para atender as necessidades sociais de forma igual, sem desconsiderar as vontades individuais, seja encontrar uma forma de tratar das contradições reais do dinheiro, da mercadoria e do capital (como representantes do valor), além daquelas estabelecidas pelo utilitarismo. Ou seja, precisamos ao mesmo tempo negar o dinheiro, a mercadoria e o capital, e, ao mesmo tempo, aceitá-los, por constituírem os meios e as formas de uma sociabilidade possível no estágio de técnica alcançado. Precisamos negar o dinheiro na sua característica de acumulação pessoal desenfreada, mas aceitá-lo como elemento do estabelecimento das trocas e das escolhas pessoais de satisfação. Da mesma forma, precisamos negar a mercadoria como instrumento de dominação social (o fetiche da mercadoria), mas, aceitá-la como única forma de utilidade social para satisfação de necessidades sociais ou individuais. Precisamos, por fim, negar o capital e sua busca infinita por acumulação, mas, ao mesmo tempo, aceitá-lo como produtor de excedente, como fim para reproduzir, expandir e modernizar as forças produtivas sociais. Eis o verdadeiro problema que uma teoria do desenvolvimento tem de enfrentar.

Dessa forma, esse livro se inscreve no ramo da arqueologia econômica (se é possível que exista tal campo de estudo). Pois, é nosso interesse escavar a partir da superfície econômica até chegar nas origens da teoria do valor e, a partir daí, descobrir porque a estrutura econômica criada por nós deu origem a uma organização social e uma sociabilidade tão contraditória. No limite, contra a própria humanidade.

2. Qualificações sobre o desenvolvimento econômico

2.1. Primeira qualificação

Para começar é preciso ter em mente que sempre que se pense em uma teoria do desenvolvimento econômico, estaremos sempre pensando em termos de uma forma de sociabilidade/civilidade específica. Nesse sentido, foi somente com o capitalismo que passou a fazer sentido pensar em termos de uma teoria do crescimento econômico. Porque também foi somente a partir dessa forma de sociabilidade/civilidade que a humanidade, de forma geral, produziu uma nova forma de excedente, baseada numa nova forma de relação social (o trabalho assalariado), que tem como objetivo a acumulação como instrumento de transformação econômica (aumento de capacidade produtiva). Foi somente a partir do capitalismo que passou a fazer sentido a existência de um processo econômico dirigido de forma autônoma pela intencionalidade humana.

Diferentemente dos modos de produção anteriores, nos quais a "acumulação" tinha um valor totalmente distinto, expresso na satisfação das necessidades, na conquista de outros povos, na construção de grandes obras; elementos essenciais de sua autonomia e de sua "riqueza". Portanto, uma riqueza diferente daquela que passou a vigorar a partir do processo de generalização das trocas mercantis.

Assim, não é qualquer forma de excedente que dá origem ao que se passou a denominar de desenvolvimento econômico. É um excedente específico, o excedente que ocorre a partir da generalização das trocas e que tem como finalidade não o valor de uso dos produtos do trabalho, nem a satisfação das necessidades do sujeito social, mas o próprio valor de troca das mercadorias. Porque o valor de troca quando expresso em dinheiro permite a separação entre os processos de compra e venda. Separando os processos de compra e venda, através do estabelecimento de um valor universal (moeda depois dinheiro); e, sendo o dinheiro, também reserva de valor, o aumento do valor de troca (acumulação de mercadorias e dinheiro), passa a ser o objetivo de interesse do indivíduo e de sua correspondente forma de sociabilidade/civilidade.

Tudo que foi necessário para dar início a esse processo foi o estabelecimento da circulação simples de mercadorias, de onde se originou o capital comercial ou mercantil (intercâmbio tanto de mercadoria quanto de dinheiro). A qualificação de capital a atividade comercial não é de todo adequada, porque o capital como relação social é mais do que uma relação mercantil. O capital como categoria está associado a uma relação de

18

expropriação de parte do trabalho social de uma sociedade por uma determinada classe, aquela que possui a propriedade dos meios de produção e subsistência (em relação a outra classe que somente possui como propriedade a sua força de trabalho para vender em troca de sua reprodução física).

Todavia, foi o surgimento e o desenvolvimento dessa forma de capital, o mercantil, que gerou e garantiu as condições para que a relação capital propriamente dita pudesse ser estabelecida (a partir da penetração do capital mercantil na esfera produtiva). Esfera geradora de valor, o valor como substância e medida do dispêndio de trabalho humano. Por constituir este o único fator produtivo que transforma recursos em utilidades sociais, ele, também, tornou-se um elemento passível de ser explorado e expropriado, seja pelo domínio da força ou pela simples necessidade da sobrevivência cotidiana do indivíduo. A produção e extração de um excedente de trabalho, como discorre Marx (2017, p. 578-579):

> [...] supõe, portanto, um modo de produção especificamente capitalista, que, com seus próprios métodos, meios e condições, só surge e se desenvolve naturalmente sobre a base da subsunção formal do trabalho sob o capital. O lugar da subsunção formal do trabalho sob o capital é ocupado por sua subsunção real.
> Basta, aqui, uma simples alusão a formas híbridas, em que o mais-valor não se extrai do produtor por coerção direta e que tampouco apresentam a subordinação formal do produtor ao capital. Nesses casos, o capital ainda não se apoderou diretamente

19

do processo de trabalho. Ao lado dos produtores independentes, que exercem seus trabalhos artesanais ou cultivam a terra de modo tradicional, patriarcal, surge o usurário ou o comerciante, o capital usurário ou comercial, que os suga parasitariamente. O predomínio dessa forma de exploração numa sociedade exclui o modo de produção capitalista, ao mesmo tempo que, como na Baixa Idade Média, pode servir de transição para ele. Por último, como mostra o exemplo do trabalho domiciliar moderno, certas formas híbridas são reproduzidas aqui e ali na retaguarda da grande indústria, mesmo que com uma fisionomia completamente alterada.

Apesar da geração de valor ocorrer na esfera produtiva, a expropriação do valor acontece também nas demais esferas, da circulação e da distribuição. Pois, em todas elas, as relações sociais de produção são do tipo assalariada, do tipo em que uma parte da jornada de trabalho acontece sem pagamento.

De forma muito apropriada Lefebvre (1973) destacou o papel central das relações sociais de produção para o tema do desenvolvimento econômico. A hipótese de Lefebvre é a de que a reprodução das relações de produção pode fornecer o "fio condutor", um instrumento para descrição e análise crítica do "real", possuindo alcance global e sintético, afastando-se das especializações científicas (sujeito e objeto) e não designando quer uma entidade ("naturalidade, historicidade"), quer uma metáfora ("fluxo, agregado, cadeia"); nem uma determinação ("dispositivo, máquina"); nem elementos sob os quais entendemos o desenvolvimento enquanto conceito. Nas palavras do autor: "Este conceito [relações de produção] designa um processo complexo que arrasta consigo contradições e não só as repete, as reduplica, mas também as desloca, as modifica, as amplifica" (LEFEBVRE, 1973, p. 6).

Lefebvre representa uma radical mudança de perspectiva ao nos propor utilizar a reprodução das relações sociais de produção como uma espécie de bússola intelectual. O que significa, para o autor, pôr fim às prospectivas sobre a harmonização eventual dos elementos da sociedade, sob relações capitalistas anárquicas. Ainda, o conceito permite perpassar a descrição dos processos parciais (reprodução biológica, produção material, consumo, símbolo). Enfim, permite desfazer a ilusão que dissimula a totalidade do processo de reprodução das relações de produção compartimentadas em suas componentes e condições biológicas, econômicas, sociológicas e na própria divisão social do trabalho. Para o autor, confundir esses níveis "no conceito geral de reprodução é um erro de método e de procedimento teórico" (LEFEBVRE, 1973, p. 7). Além disso, permite também considerar que a reprodução dessas relações sociais não foi nem é "natural" ou "normal".

Nessa perspectiva, mantida as relações sociais de produção tal como a conhecemos, não há saída para pensar uma forma de sociabilidade/civilidade que não seja por meio da expropriação e da exploração do trabalho humano social. A "globalidade nova", termo utilizado por Lefebvre para designar o capitalismo, a partir dos anos 1970, apresenta-se muito mais problemática do ponto de vista das relações sociais de produção. Esta tinha "[...] como sentido e como fim a re-produção das relações de produção, mais ainda que o lucro imediato ou o crescimento da produção [...]" (LEFEBVRE,1973, p. 97). Por sua vez, ela também seria acompanhada por uma "modificação qualitativa profunda nessas relações", reforçando-as em seus aspectos de exploração, expropriação e predação. A vontade de poder, refletidas nas "capacidades de coação e de violência", a partir do poderio econômico, assume um aspecto central nas estratégias de "busca do superlucro", na condução do Estado e nas relações internacionais. Por seu turno, como acrescenta o referido autor, "as leis econômicas e sociais perde[ria]m o aspecto físico (natural) descrito por Marx e, portanto, cego e espontâneo"; tornando-se cada vez mais intencionais (estabelecidas para atender propósitos específicos do capital).

Essa é nossa primeira qualificação sobre uma teoria do desenvolvimento econômico. Uma teoria que não considere a exploração e a expropriação contida nas relações sociais de produção capitalistas não pode se constituir numa teoria do desenvolvimento econômico. Nesse sentido, os ideais de liberdade, igualdade e justiça (que em conjunto formam um "Valor Social"), não passam de argumentos ideológicos para justificar uma sociabilidade/civilidade fundada em relações sociais de exploração e de expropriação do trabalho social. Uma tal teoria cobre tão somente o desenvolvimento histórico do capitalismo enquanto modo de produção. Ou então, serve de orientação para políticas que tenham como finalidade reproduzir mundialmente os padrões de industrialização das economias tidas como avançadas do ponto de vista capitalista.

Enfim, faz-se necessário entender o que está por trás do desenvolvimento do capitalismo enquanto modo de produção. Certamente não é uma capacidade inata do homem para as trocas como entendia Smith. Antes da propensão para as trocas está o instinto de sobrevivência, o interesse pessoal nas vantagens que se pode obter dos outros e do meio social. O que está na raiz é a luta pela sobrevivência. Aqui fazemos uma analogia entre natureza e sociedade, considerando a teoria de Darwin, de seu famoso livro "A origem das espécies", especialmente, do capítulo III, "Luta pela existência", quando ele trata sobre "A expressão luta pela existência empregada no sentido amplo".

Portanto, a generalização das trocas, o desenvolvimento da divisão social do trabalho, o estabelecimento de relações sociais de produção tipo assalariada, o processo de industrialização e, finalmente, a constituição do modo capitalista de produção, como forma de organização social dominante; tem fundamento e reprodução na luta pela existência. Nessa sociedade já constituída, o fundamento de sua reprodução ampliada, continua sendo o mesmo, a luta pela existência. Embora o processo social passe a ocorrer por um amplo conjunto de mediações, essas mediações até agora somente serviram para acobertar seu verdadeiro sentido: a exploração e a expropriação do trabalho social de uma classe por outra.

Uma das principais mediações está relacionada a ideia de que as relações sociais de produção têm como fundamento a reciprocidade entre os indivíduos. Isso porque, a reciprocidade como característica da relação entre grupos humanos somente pode ocorrer em um estágio no qual estes se encontrem já de alguma forma estabelecidos. Um estágio no qual já seja possível verificar alguma divisão social do trabalho. Um estágio no qual os indivíduos produzam de forma livre e estabeleçam relações de troca, também livres de coação, e através de métodos não violentos, ou seja, a partir do mercado.

Quando analisamos, por exemplo, as relações sociais no feudalismo podemos até imaginar que existisse uma relação de reciprocidade entre senhor feudal e servo, já que a relação entre ambos acontecia de forma não violenta. Pois, o senhor feudal garantia terra para o servo, e este garantia força de trabalho e serviços militares para o senhor feudal. No entanto, nessa relação existe um agravante, o servo está preso à terra, e uma parte do produto de seu trabalho é de propriedade do senhor feudal. Logo, não temos uma relação de reciprocidade que seja consistente, substantiva.

Da mesma forma, podemos pensar que existe uma relação de reciprocidade entre capitalista e trabalhador assalariado. Uma relação mais consistente do que entre servo e senhor feudal, já que ambos são autônomos em relação as suas vontades, são juridicamente livres. Todavia, como Marx já demostrou no livro I de "O capital", tal relação é apenas uma "ficção jurídica", é a aparência das relações sociais na esfera da circulação. Na esfera da produção existe uma apropriação privada de parte do trabalho social, tal como existia no modo de produção feudal.

> A esfera da circulação ou da troca de mercadorias, em cujos limites se move a compra e a venda da força de trabalho, é, de fato, um verdadeiro Éden dos direitos inatos do homem. Ela é o reino exclusivo da liberdade, da igualdade, da propriedade e de Bentham. Liberdade, pois os compradores e

vendedores de uma mercadoria, por exemplo, da força de trabalho, são movidos apenas por seu livre-arbítrio. Eles contratam como pessoas livres, dotadas dos mesmos direitos. O contrato é o resultado, em que suas vontades recebem uma expressão legal comum a ambas as partes. Igualdade, pois eles se relacionam um com o outro apenas como possuidores de mercadorias e trocam equivalente por equivalente. Propriedade, pois cada um dispõe apenas do que é seu. Bentham, pois cada um olha somente para si mesmo. A única força que os une e os põe em relação mútua é a de sua utilidade própria, de sua vantagem pessoal, de seus interesses privados. E é justamente porque cada um se preocupa apenas consigo mesmo e nenhum se preocupa com o outro que todos, em consequência de uma harmonia preestabelecida das coisas ou sob os auspícios de uma providência todo-astuciosa, realizam em conjunto a obra de sua vantagem mútua, da utilidade comum, do interesse geral.

Ao abandonarmos essa esfera da circulação simples ou da troca de mercadorias, de onde o livre-cambista *vulgaris* [vulgar] extrai noções, conceitos e parâmetros para julgar a sociedade do capital e do trabalho assalariado, já podemos perceber uma certa transformação, ao que parece, na fisionomia de nossas *dramatis personae* [personagens teatrais]. O antigo possuidor de dinheiro se apresenta agora como capitalista, e o possuidor de força de trabalho, como seu trabalhador. O primeiro, com um ar de importância, confiante e ávido por negócios; o segundo, tímido e hesitante, como alguém que trouxe sua própria pele ao mercado e, agora, não tem mais

25

nada a esperar além da... esfola (MARX, 2017, p. 250-251).

Concluímos, assim, que mesmo quando estamos cientes de que as relações são de reciprocidade entre os indivíduos, o que está na essência é a garantia do direito do mais forte, ou dos proprietários dos meios de produção e subsistência, sobre os mais fracos, os proprietários somente de sua força de trabalho, como condição de existência. Nesse contexto se torna impossível o estabelecimento real e não somente formal do ideal social de reciprocidade (justiça), de igualdade ou de liberdade.

Portanto, uma relação de reciprocidade consistente envolve dois aspectos. Primeiro, a garantia de que ambas as partes envolvidas sejam autônomas em suas vontades (liberdade). Segundo que nessa relação não estejam envolvidas formas de expropriação e/ou exploração entre as partes (igualdade).

Assim, a reciprocidade se insere como uma categoria de análise de uma teoria do desenvolvimento econômico. Como tal apresenta-se também como princípio que deve fundamentar as relações sociais de produção. Para tanto, será necessário superar o princípio da luta pela existência como forma de sociabilidade/civilidade humana até agora em vigor. Uma escolha social que envolverá, decerto, conflito e violência até o seu estabelecimento como forma de sociabilidade. Encerramos assim nossa primeira qualificação sobre uma teoria do desenvolvimento.

****

Uma digressão a mais sobre reciprocidade. Pudemos observar como a generalização das trocas, o surgimento dos mercados e sua consolidação, como forma de socialização humana, não mudaram em nada a essência do problema acima colocado. Nesse sentido, a nossa forma de organização social, ainda é, para usar um temo familiar, basicamente patriarcal. Ou seja, existe a figura de um pai que provém o sustento para os filhos e, esses por sua vez, lhe devem obediência e se submetem a sua vontade, sob pena de se não o fizerem receberem alguma forma de castigo. Nesse caso, o capitalista é o pai que provê o sustento, o trabalhador assalariado, o filho. A relação social tipo assalariada, que permite que uma parte do trabalho social seja apropriada de forma privada, apresenta-se assim como uma relação patriarcal, incongruente com uma relação do tipo "reciprocidade consistente". Ou seja, esse tipo de relação (patriarcal) apresenta-se como mais uma mediação que justifica o princípio da luta pela existência como fundamento das relações sociais existentes no capitalismo.

2.2. Segunda qualificação

A nossa segunda qualificação coloca o conjunto das teorias do desenvolvimento econômico no âmbito das explicações da história econômica do capitalismo. São teorias porque desenvolvem proposições lógicas

27

sobre relações entre variáveis, mas representam sobretudo explicações sobre o desenvolvimento do capitalismo em seus diversos contextos históricos. Curiosamente essa foi também uma observação realizada por Schumpeter em sua obra "A teoria do desenvolvimento econômico", de 1911.

> O desenvolvimento econômico até agora é simplesmente o objeto da história econômica, que por sua vez é meramente uma parte da história universal, só separada do resto para fins de explanação [...] descrever o processo econômico continua sendo história econômica, mesmo que a verdadeira causalidade seja largamente não-econômica (SCHUMPETER, 1982, p. 44).

O interessante da afirmação de Schumpeter é que ela não livra o autor do mesmo destino que ele denunciou. A teoria do empresário inovador por ele formulada acaba sendo um caso particular de desenvolvimento do capitalismo, a partir de um determinado estágio de sua evolução como modo de produção. O estágio de internalização do progresso técnico como fator produtivo. Mas, não somente como um fator produtivo qualquer. Um fator produtivo que tem a capacidade de provocar "mudanças descontínuas na maneira tradicional de fazer as coisas", ou seja, de realizar "revoluções produtivas".

A seguir apresentamos um conjunto de definições sobre o desenvolvimento econômico. Será um exercício um tanto enfadonho, mas sua leitura é fundamental, pois a análise comparativa das diferentes definições servirá para justificar nossa segunda qualificação. Reunimos um conjunto de definições de diversos autores de orientações teóricas diferentes. Comecemos por Furtado.

> A teoria do desenvolvimento trata de explicar, numa perspectiva macroeconômica, as causas e os mecanismos do aumento persistente da produtividade do fator trabalho e suas repercussões na organização da produção e na forma como se distribui e utiliza o produto social (FURTADO, 2000, p. 15)

> O desenvolvimento enquanto processo multifacetado de intensa transformação estrutural resulta de variadas e complexas interações sociais que buscam o alargamento do horizonte de possibilidades de determinada sociedade. Deve promover a ativação de recursos materiais e simbólicos e a mobilização de sujeitos sociais e políticos na busca de ampliar o campo de ação coletividade, aumentando sua autodeterminação e liberdade de decisão. Neste sentido o verdadeiro desenvolvimento exige envolvimento e legitimação de ações disruptivas; portanto, envolve tensão, eleição de alternativas e construção de trajetórias históricas, com horizontes temporais de curto, médio e longo prazos. Essa construção social e política de trajetórias sustentadas e duradouras deve ser dotada de durabilidade orgânica, sendo permanentemente inclusiva de parcelas crescentes das populações marginalizadas dos frutos do progresso técnico, endogeneizadora de centros de decisão e ter sustentabilidade ambiental. Seu estudo, portanto, exige ênfase em processos,

estruturas e na identificação dos agentes cruciais e das interações entre decisões e aquelas estruturas, procurando revelar os interesses concretos em jogos [...]. É fundamental que esse processo transformador seja promovido simultaneamente em várias dimensões (produtiva, social, tecnológica, etc) e em várias escalas espaciais (local, regional, nacional, global, etc), robustecendo a autonomia de decisão e ampliando o raio de ação dos sujeitos concretos produtores de determinado território (BRANDÃO, 2008, p. 3).

O desenvolvimento econômico é um processo em que se passa de um conjunto de ativos baseados em produtos primários, explorados por mão-de-obra não especializada, para um conjunto de ativos baseados em conhecimento, explorados por mão-de-obra especializada. A transformação exige que se atraia capital tanto humano como físico da busca de renda, do comércio e da "agricultura" (definida em termos amplos) para as manufaturas, o coração do crescimento econômico moderno. É no setor manufatureiro que os ativos baseados em conhecimento foram cultivados e usados mais intensivamente. Quanto maiores tais ativos, mais fácil será a transição da produção de produtos primários para a produção industrial (e posteriormente para a produção de produtos modernos) (AMSDEN, 2009, p. 29).

Nas discussões sobre economia, os termos crescimento e desenvolvimento são, muitas vezes, empregados como sinônimos e isto é perfeitamente aceitável. Mas, sempre que existem dois termos, é justificável querer-se fazer uma distinção entre eles. Implicitamente, no uso geral e explicitamente no que se segue, o crescimento econômico significa maior produção, enquanto que desenvolvimento econômico implica em maior produção e mudanças nas disposições técnica e institucional, pelas quais se chega a esta produção. O crescimento pode implicar, não só em maior produção, como também em mais insumos e mais eficiência, isto é, em um aumento do produto, por unidade de insumo. O desenvolvimento vai mais além, significando mudanças na estrutura da produção e na alocação de insumo, por setores. Numa analogia com o ser humano, enfatizar o crescimento significa focalizar a altura e o peso, enquanto enfatizar o desenvolvimento é dirigir a atenção para a capacidade funcional, para a coordenação motora, por exemplo, para a capacidade de aprender [...]

O crescimento e o desenvolvimento caminham juntos, naturalmente, pelo menos até o ponto em que a economia perde a capacidade de adaptar-se a nova condições (KINDLEBERGER, 1976, p. 1).

[...] O desenvolvimento, no sentido em que tomamos, é um fenômeno distinto, inteiramente estranho ao que pode ser observado no fluxo circular ou na tendência para o equilíbrio. É uma mudança espontânea e descontínua nos canis do fluxo, perturbação do equilíbrio, que altera e desloca para sempre o estado de equilíbrio previamente existente. Nossa teoria do desenvolvimento não é nada mais que um modo de tratar esse fenômeno e os processos a ele inerentes [...]

Essas mudanças espontâneas e descontínuas no canal do fluxo circular e essas perturbações do centro do equilíbrio aparecem na esfera da vida industrial e comercial, não na esfera das necessidades dos consumidores de produtos finais [...] (SCHUMPETER, 1982, p. 47-48).

Procuramos demonstrar neste livro que o desenvolvimento pode ser visto como um processo de expansão das liberdades reais que as pessoas desfrutam. O enfoque nas liberdades humanas contrasta com visões mais restritas de desenvolvimento, como as que identificam o desenvolvimento com o crescimento do Produto Nacional Bruto (PNB), aumento de rendas pessoais, industrialização, avanço tecnológico ou modernização social. O crescimento do PNB ou das rendas individuais obviamente pode ser muito importante como um *meio* de expandir as liberdades desfrutadas pelos membros da sociedade. Mas as liberdades dependem também de outros determinantes, como as disposições sociais e econômicas (por exemplo, os serviços de educação e saúde) e os direitos civis (por exemplo, a liberdade de participar de discussões e averiguações públicas). De forma análoga, a industrialização, o progresso técnico ou a modernização social podem contribuir substancialmente para expandir a liberdade humana, mas ela depende também de outras influências. Se a liberdade é o que o desenvolvimento promove, então existe um argumento fundamental em favor da concentração nesse objetivo abrangente, e não em algum meio específico ou em alguma lista de instrumentos especialmente escolhida. Ver o desenvolvimento como expansão de liberdades substantivas dirige a atenção para os fins que o tornam importante, em vez de restringi-la a alguns dos meios que, *inter alia*, desempenham um papel relevante no processo [...]

O desenvolvimento requer que se removam as principais fontes de privação de liberdade: pobreza e tirania, carência de oportunidades econômicas e destituição social sistemática, negligência dos serviços públicos e intolerância ou interferência excessiva de Estados repressivos [...] (SEN, 2000, p. 17-18)

Desenvolvimento econômico define-se, portanto, pela existência de crescimento econômico contínuo (g), em ritmo superior ao crescimento demográfico (g'), envolvendo mudanças de estruturas e melhoria de indicadores econômicos e sociais. Compreende um fenômeno de longo prazo, implicando o fortalecimento da economia nacional, a ampliação da economia de mercado e a elevação geral da produtividade [...]

Com o desenvolvimento, a economia adquire maior estabilidade e diversificação; o progresso tecnológico e a formação de capital tornam-se gradativamente fatores endógenos, isto é, gerados predominantemente no interior do país (SOUZA, 1999, p. 22).

O desenvolvimento econômico consiste, fundamentalmente, em um processo de

33

enriquecimento dos países e dos seus habitantes, ou seja, em uma acumulação de recursos econômicos, sejam eles ativos individuais ou de infraestrutura social, e também em um crescimento da produção nacional e das remunerações obtidas pelos que participam d atividade econômica. Evidentemente, o fenômeno do desenvolvimento não se limita ao campo da Economia, mas os elementos econômicos estão no centro desse processo (FONSECA, 2006, p. 4).

Todas as definições acima apresentadas têm em comum a noção de desenvolvimento como um processo que relaciona transformação econômica com mudança social (melhorias das condições de vida), ou seja, estão inscritas na expansão histórica do capitalismo. Para explicar o processo de transformação econômica cada definição particulariza um certo conjunto de variáveis, tais como: produtividade do fator trabalho; progresso técnico; produção industrial (processo de industrialização); ativos baseados em conhecimento; mudança institucional; "mudanças espontâneas e descontínuas no canal do fluxo circular"; expansão das liberdades substantivas; crescimento econômico contínuo em ritmo superior ao crescimento demográfico com mudanças estruturais; diversificação produtiva; processo de enriquecimento dos países e dos seus habitantes.

As variáveis descritas acima e suas interrelações para explicar o desenvolvimento econômico, são de uma forma ou de outra, fundamentais para explicar a dinâmica do capitalismo; seja como um processo de reprodução continuada e ampliada, seja como um processo de ruptura que altera para sempre uma determinada configuração produtiva e seu respectivo regime de acumulação de capital. Apesar das menções a definições mais amplas como as de liberdade, instituições, enriquecimento do país e de seus habitantes, nenhuma delas toca na categoria "relações sociais de produção".

Assim, nenhuma delas se propõe a resolver as questões relacionadas as formas de expropriação e de exploração, intrínsecas nas relações capitalistas de produção. Dessa forma, também, não se propõem a resolver o dilema razão/humanização, o qual tratamos em outro livro: "Renda, Lutas de Classes e Revolução". De forma resumida, o argumento proposto no referido livro trata de mostrar como a razão (desenvolvimento da nossa racionalidade, em particular da razão econômica), tem sido basicamente utilizada para justificar, em qualquer estágio do desenvolvimento do capitalismo, relações sociais de produção, de expropriação e de exploração do trabalho social, enquanto padrão de sociabilidade aceitável. Nesse sentido, o uso da razão contradiz a própria razão enquanto definidora dos ideais humanizadores de liberdade, igualdade e reciprocidade; impossíveis de serem alcançados sob relações sociais de exploração e expropriação. Ou seja, do que se espera que constitua uma teoria do desenvolvimento.

A nossa segunda qualificação se enquadra na ideia de que qualquer teoria do desenvolvimento que considere a reprodução das relações capitalistas de produção como normais e aceitáveis não pode ser validada como tal. Pode ser uma teoria, pode explicar relações causais, mas não pode alterar a natureza fundamental das relações capitalistas de produção, a lei

35

geral da acumulação capitalista como formulada por Marx:

> Na realidade, portanto, a lei da acumulação capitalista, mistificada numa lei da natureza, expressa apenas que a natureza dessa acumulação exclui toda a diminuição no grau de exploração do trabalho ou toda elevação do preço do trabalho que possa ameaçar seriamente a reprodução constante da relação capitalista, sua reprodução em escala sempre ampliada. E não poderia ser diferente, num modo de produção em que o trabalhador serve às necessidades de valorização de valores existentes, em vez de a riqueza objetiva servir às necessidades de desenvolvimento do trabalhador (MARX, 2017, p. 697).

Não é uma questão de negar a importância do progresso técnico, dos ideais de liberdade, igualdade, justiça etc, do enriquecimento material, da produção industrial. Enfim, de todas as melhorias e facilidades que se criam para tornar a vida humana mais confortável, segura, saudável, por exemplo. É uma questão de observar que o progresso técnico, os ideais acima referidos ou mesmo a Revolução Técnico-Científico-Informacional que vivenciamos foram (e são) utilizados como instrumentos de promoção da acumulação infinita de capital, para superar os limites que o próprio capitalismo se impõe, mas sem nunca alterar a natureza das relações sociais existentes. Temos, portanto, um paradoxo: os princípios básicos e gerais do desenvolvimento histórico do capitalismo contradizem os princípios básicos e gerais propostos pelas teorias do desenvolvimento econômico.

No estágio atual do capitalismo até a democracia se encontra ameaçada. Bauman (2019, p. 48), fala de uma "[...] desativação gradual mas inexorável das instituições de poder político [...]", Appadurai (2019, p. 30), de "fadiga da democracia", e Geiselberger (2019, p. 10), de "[...] 'securitização' (*securitization*) e de política simbólica pós-democrática [...]". De forma geral, para esses autores, passamos a conviver num contexto de incapacidade política de tratar os problemas globais (desigualdade econômica, migração, terrorismo, etc). Contexto também associado a transformação da cultura em palco de soberania que termina por produzir líderes populistas autoritários, visto que a soberania econômica não cabe mais dentro da soberania nacional. Estes líderes, por sua vez, "[...] prometem a purificação da cultura nacional como via de poder político global [...]" (APPADURAI, 2019, p. 25). E, ainda, vivemos a transformação do debate político democrático em uma via de "saída" da própria democracia; porém, mantendo a configuração de Estado e de poder inalteradas, criando assim, um verdadeiro simulacro de democracia ou uma democracia às avessas. Quem são os ganhadores e quem são os perdedores de tal processo?

> [...] Os principais vencedores são financistas extraterritoriais, fundos de investimento e operadores de commodities de todos os tons de legitimidade; já os principais derrotados são a igualdade econômica e social, os princípios da justiça intra e inter-Estados, além de grande parte, provavelmente uma maioria crescente, da população mundial (BAUMAN, 2019, p. 48).

Alguns autores, a exemplo de Baran, perceberam a dimensão da problemática da qual estamos tratando. Para este autor:

> [...] o desenvolvimento econômico sempre significou uma profunda transformação da estrutura econômica, social e política, da organização dominante da produção, da distribuição e do consumo [...] sempre foi impulsionado por classes e grupos interessados em uma nova ordem econômica e social [...] sempre foi marcado por choques mais ou menos violentos; efetuou-se por ondas, sofreu retrocessos e ganhou terreno novo − nunca foi um processo suave e harmonioso se desdobrando, placidamente, ao longo do tempo e do espaço [...] A economia burguesa, entretanto, muito cedo perdeu de vista essa generalização histórica [...] enquanto a razão e as lições da História se encontravam francamente do lado da burguesia em sua luta contra as ideologias e instituições obscurantistas do feudalismo [...] foram frequentemente invocadas como árbitros supremos da momentosa luta [...] Quando, porém, a razão e o estudo da História principiaram a revelar a irracionalidade , as limitações e a natureza transitória da ordem capitalista, a ideologia burguesa como um todo − e, com ela, a Economia burguesa − começou a pôr de lado tanto a razão quanto a História [...] Em consequência, o pensamento burguês (e a Economia, como parte dele) se transformou, cada vez mais, em um conjunto de atrativas e variadas premissas ideológicas, necessário ao funcionamento e à preservação da

ordem social existente [...] ela se voltou contra o seu passado, transformando-se em mera tentativa de explicar e justificar o *status quo* – condenando e suprimindo, ao mesmo tempo, todo esforço de julgamento da ordem econômica existente pelos padrões da razão, ou de compreensão das origens das condições vigentes e das potencialidades desenvolvimentistas que elas encerram [...] (BARAN, 1984, p. 37).

O pensamento de Baran aparece quase como uma revelação num mar de obviedades. Ele faz um conjunto de constatações de ordem lógica e histórica que desnudam a verdadeira natureza do desenvolvimento econômico como pensado até aqui. Pois, para ele, o desenvolvimento é um processo interessado, logo, intencional, que representa um projeto de classe ou de grupos (ou seja, não é um processo espontâneo), um processo não harmonioso (mas um processo de conflitos e violência), e, não linear (envolve rupturas ou se efetua por ondas).

O papel desempenhado pela teoria econômica, quando do tratamento da transição do feudalismo para o capitalismo, na apresentação de argumentos na defesa do comércio e da indústria (como formas superiores de organização econômica), na elaboração de uma teoria da livre circulação (como princípio de vantagem econômica, tanto interna quanto externa), foi realmente revolucionário. Todavia, como bem nos lembra Baran, logo que a irracionalidade e as limitações passaram a ser denunciadas, a razão e a história deixaram de ser levadas a sério. A autonomização do capital também abrangeu a Economia, ou seja, a Ciência Econômica tornou-se, de

39

forma geral, também, um instrumento comandado pelo capital; "um conjunto de atrativas e variadas premissas ideológicas", "transformando-se em mera tentativa de explicar e justificar o *status quo*".

Para ilustrar a violência envolvida no estabelecimento da ordem social capitalista basta lembrarmos de alguns eventos relacionados ao período entre os séculos XVI e XIX. A violência da colonização das Américas e da África, o sistema colonial e o tráfico de escravos, os cercamentos, as grandes plantações com sua força de trabalho escravo, as "leis sanguinárias" para o rebaixamento dos salários na Inglaterra (como bem discorreu Marx), o estabelecimento de uma jornada de trabalho além dos limites físicos dos trabalhadores, quando da implantação da maquinaria. Enfim, todas as formas de expropriação e de exploração do trabalho social relacionadas aos diversos momentos e aos vários métodos que constituíram a acumulação primitiva. Processo de expropriação e de exploração que não se encerrou com a acumulação primitiva, mas que faz parte da própria dinâmica de funcionamento e de expansão ampliada do capitalismo.

A nossa segunda qualificação trata, portanto, da ideia de que qualquer teoria do desenvolvimento carrega uma necessidade intrínseca de revolução. Nesse aspecto temos o dever de compreender as "origens das condições vigentes e das potencialidades desenvolvimentistas que elas encerram". Talvez seja hora de revisitar Marx.

Novamente, insistimos na ideia de que qualquer teoria do desenvolvimento tem que considerar em seus aspectos o problema das relações sociais de produção. Não que os clássicos ou qualquer teoria não as tenha considerado. Para os clássicos, os capitalistas, de forma geral, constituíam a promessa de uma nova sociedade, uma sociedade de homens livres, baseada na troca harmoniosa de equivalentes, e no benefício geral proporcionado pelo autointeresse (a ideia de que se cada indivíduo agir em seu próprio interesse promoverá o interesse de todos).

Todavia, a história se desenrolou de forma diversa ao padrão de desenvolvimento esperado pelos clássicos. O interesse geral não foi o ponto de chegada, muito pelo contrário, ficou mesmo no meio do caminho. Os "benefícios públicos dos vícios privados" apresentam-se como um tremendo contrassenso quando o assunto é o estabelecimento de relações sociais que não envolvam exploração ou expropriação do trabalho social. Não há garantia do estabelecimento nem de liberdade, de igualdade e de reciprocidade, quando as relações sociais estão envoltas em formas de exploração e expropriação. Dito isso, encerramos nossa segunda qualificação sobre as características de uma teoria do desenvolvimento econômico.

2.3. Terceira qualificação

A nossa terceira qualificação se inscreve na discussão sobre a possibilidade de uma teoria geral do desenvolvimento. Aqui temos de separar as coisas. Uma coisa é formular teorias gerais como as citadas acima. Outra coisa é analisar o desenvolvimento histórico do capitalismo através de certos padrões de expansão, definidos por um conjunto de circunstâncias históricas, tais como o passado nacional de um país, a etapa vivida pelo capitalismo em termos mundiais e o papel do país da divisão internacional do trabalho; como o fez Oliveira (2003), para explicar os diversos processos históricos de industrialização. Outra coisa bem diversa, é partindo dos princípios de liberdade, igualdade e reciprocidade, que devem ser inerentes as relações sociais, por motivos próprios da condição humana, elaborar uma teoria nessa direção.

Ao longo da história estabelecemos regras, normas, leis, instituições, para regular as relações sociais, de forma geral, e as relações econômicas, de forma específica. No entanto, nossas relações sociais no campo econômico, particularmente, ainda são fundamentadas, de forma implícita, em princípios naturais. É a luta pela existência que governa nossas relações sociais. A constatação mais óbvia é que se assim não o fosse as relações sociais já estariam estabelecidas de modo que não envolvesse formas de exploração e expropriação entre sujeitos e classes sociais. No mesmo sentido, os conceitos correntes de riqueza e de pobreza não seriam mais instrumentos adequados para verificar a nossa condição de desenvolvimento humano.

Nesse sentido precisamos implementar um processo revolucionário. Acreditamos que nossa última revolução será uma revolução nas relações sociais de produção, claro se o capitalismo não nos destruir antes. Pois, tal possibilidade existe, seja do ponto de vista de uma catástrofe nuclear ou pela destruição da natureza.

As condições necessárias para realizar essa revolução estão relacionadas à redefinição da mercadoria e da propriedade privada. Transformar a mercadoria de instrumento de acumulação em instrumento de atendimento das necessidades sociais, talvez seja o primeiro passo. O segundo passo seria destituir a propriedade privada de seu componente de concentração de riqueza, de exploração e de expropriação dos frutos do trabalho social. Nesse sentido, nos encaminharemos para uma situação de igualização dos rendimentos entre os indivíduos que, por seu turno, passará a funcionar como princípio organizador das relações sociais (finalmente na direção da liberdade, da igualdade e da reciprocidade). Pois, tais ideais somente poderão se concretizados num contexto de igualdade econômica entre os indivíduos, em nível global.

Portanto, as bases dessa revolução assentam-se na extinção da propriedade privada e da acumulação privada como padrões de sociabilidade/civilidade humana. Historicamente, esse foi o motivo da revolução comunista, mas como nos mostrou a história, nem mesmo tal revolução foi capaz de gerar um outro processo de humanização. A nova revolução exige um pensamento dialético. No sentido que continue existindo a propriedade privada, mas ao mesmo tempo não exista propriedade privada. Isso porque a propriedade privada representa a própria individualidade humana. E esta última não pode deixar de existir porque assim seríamos suprimidos de nossa liberdade. Ao mesmo tempo, a propriedade privada não pode servir como instrumento de dominação e exploração, por isso ela deve ficar circunscrita a idiossincrasia humana,

43

contida socialmente pelo estabelecimento da igualização econômica entre os sujeitos sociais.

Um mundo no qual exista acumulação, mas ao mesmo tempo não exista acumulação. Da mesma forma, não pode existir sociedade sem acumulação, sem produção de excedente, de grandes somas de valores para grandes investimentos, mas a acumulação não pode ser privada. Portanto, precisamos criar os meios para assegurar ao mesmo tempo, a existência e não existência da propriedade privada, e a existência e não existência da acumulação.

Encerramos assim a nossa terceira qualificação sobre uma teoria do desenvolvimento econômico. Aqui pode ter ficado mais dúvidas que respostas, mas é que as respostas ainda não se apresentam prontas nessa dialética propriedade/não-propriedade privada, acumulação/não-acumulação de capital. De qualquer forma, se pensarmos em temos que as necessidades sociais, em qualquer tempo e espaço, são iguais para todos os indivíduos ("Valor Social"), poderemos também pensar em termos de uma solução geral, uma teoria geral do desenvolvimento econômico. Principalmente numa quadra histórica em que o capitalismo como modo de produção gerou todas as condições materiais, científicas, tecnológicas, informacionais, para a superação de relações sociais de produção baseadas na exploração e na expropriação do trabalho social.

2.4. Quarta qualificação

A nossa quarta e última qualificação aparece como consequência da terceira. Trata-se de investigar a possibilidade de formulação de uma teoria geral do desenvolvimento econômico. Para pensar nessa possibilidade precisamos inicialmente estabelecer duas premissas. A primeira está relacionada ao que denominamos de "necessidades sociais e as formas de seu atendimento". Partimos do pressuposto de que dada uma certa configuração de técnica existe um conjunto de formas de atendimento das necessidades sociais. Na base da premissa está a ideia de que como seres humanos não nos pode ser negado o atendimento de uma necessidade social, existindo as condições de sua realização, independentemente da nossa condição social. Ou seja, dado um conjunto de técnicas existe um padrão de atendimento de necessidades sociais possível a todos os indivíduos de uma sociedade. De forma que a todo e qualquer indivíduo deve ser dado o direito de realizar a satisfação de suas necessidades sociais sem depender de sua posição social, seu rendimento, sua localização espacial, etc. Enfim, de qualquer diferença que seja resultado da "distinção" proporcionada pela acumulação individual desenfreada de riqueza.

A segunda premissa está relacionada ao estabelecimento de uma condição econômica igual para todos os indivíduos de uma sociedade, independentemente de suas funções sociais. De forma que a nossa proposição geral para pensar uma teoria do desenvolvimento econômico pode ser assim expressa: remunerações iguais para necessidades sociais iguais independentemente das funções sociais. Pois, o atendimento das necessidades sociais somente pode ser realizado em igualdade de condições se todos os indivíduos disporem de condições econômicas relativamente semelhantes. Podemos, agora, derivar uma definição de desenvolvimento econômico alternativa.

O desenvolvimento econômico é, em última instância, o igual atendimento das necessidades sociais para todos os indivíduos de uma sociedade. Essa igualdade no atendimento das necessidades sociais deve, necessariamente, acompanhar o processo de modernização derivado crescimento econômico e da evolução do progresso técnico a ela associados.

É necessário esclarecer que a padronização dos rendimentos não significa a padronização dos indivíduos. Significa, sobretudo, a padronização do atendimento das necessidades sociais. As necessidades individuais, os gostos e as preferências do indivíduo, ou a idiossincrasia de cada ser, é, assim, preservada em sua totalidade. Porque a definição de desenvolvimento afirmada acima não representa a abolição das formas dinheiro, mercadoria e capital, mas suas reconfigurações na direção de suas funções sociais.

Se a definição de desenvolvimento econômico pode ser assim expressa, existe tanto a possibilidade de formular uma teoria geral, quanto a de proposição de soluções globais para os nossos problemas globais enquanto humanidade. Pois, partimos da constatação de que como seres humanos nossas necessidades sociais são iguais, em qualquer tempo e lugar, e, ainda, da constatação de que a Revolução técnico-científicainformacional, ao proporcionar uma significativa "anulação do espaço pelo tempo", proporciona também as bases de uma comunidade verdadeiramente mundial. Isso implica que a nova globalidade tornou todos os nossos problemas (e soluções) comuns. Nesse contexto, o termo humanidade deveria ganhar força sobre qualquer outra ideia como as de classe, povo, nação, continente. Mas, não sejamos ingênuos. Assim, encerramos nossa quarta qualificação sobre uma teoria do desenvolvimento econômico.

3. As teorias do desenvolvimento econômico e o desenvolvimento capitalista

3.1. As teorias do desenvolvimento econômico

Não temos a pretensão de escrever uma história das ideias ou das teorias do desenvolvimento econômico ao longo da história do pensamento econômico. Até porque tal trabalho já foi realizado em vários livros e manuais que tratam do referido assunto. A nossa preocupação aqui é tão somente tratar das implicações das duas teorias do valor, a teoria do valor-trabalho e a teoria utilitarista do valor, sobre a configuração de uma teoria do desenvolvimento e sobre os tipos de políticas delas derivadas. Nesse sentido, poderemos comparar se pode haver convergência ou não entre dinâmica econômica e desenvolvimento econômico, nos parâmetros da definição apresentada anteriormente.

Myrdal (1984), fez uma importante contribuição tanto sobre a teoria do valor como ponto de partida de toda análise econômica quanto sobre as implicações normativas derivadas da mesma.

> [...] Toda a história do pensamento econômico é marcada pela noção de que pelo recurso a operações puramente lógicas é possível formular, baseando-se em observações empíricas, o conceito de uma espécie de 'valor' que é de algum modo mais profundo do que o simples valor de troca ou preço. Acredita-se que esse conceito deva ser o ponto de partida de toda análise econômica que realmente tenta penetrar abaixo da superfície. É também geralmente aceito que a teoria do valor possui uma significação central na construção das doutrinas econômico-políticas. Com efeito, a teoria do valor está sempre implícita nos resultados políticos, mesmo quando não figurou explicitamente entre as premissas (MYRDAL, 1984, p. 26).

A teoria do valo-trabalho como núcleo de explicação dos fenômenos econômicos apresenta duas especificações: a dos clássicos e a de Marx. Em ambos reflete a ideia de revolução, para os primeiros, do estabelecimento de uma nova sociedade (capitalismo) e, para o segundo, de uma nova forma de sociabilidade (não capitalista).

Para os clássicos a teoria do valor-trabalho representou a superação do passado, do mundo feudal, a partir do estabelecimento de uma nova forma de valor, não mais o valor associado à posse da terra nem aos títulos sociais, mas o valor econômico. Uma situação já presente na realidade social derivada das condições históricas que promoveram a generalização das trocas mercantis. A partir da sua teoria do valor também superaram outras formas "imperfeitas" da representação de valor, como as derivadas da fisiocracia e do mercantilismo. Conforme Smith (1983, p 357):

> O progresso diferenciado da riqueza, em épocas e nações diferentes, deu origem a dois sistemas distintos de Economia Política, no tocante ao enriquecimento da população. O primeiro pode ser denominado sistema de comércio, o segundo, sistema de agricultura. Procurarei explicar os dois da maneira mais plena e clara possível [...].

De forma geral, na economia clássica o desenvolvimento está diretamente associado a possibilidade da produção de um excedente econômico. A existência deste abre um conjunto de alternativas a sociedade tornando real a possibilidade de expansão e transformação econômicas. Todavia, para que o crescimento econômico se realize e, a partir dele, possa ocorrer a ampliação da capacidade produtiva, torna-se necessário que o excedente esteja nas mãos de uma determinada classe, com determinados objetivos, que são próprios de sua classe.

A totalidade social vista pelos clássicos constitui-se de três classes de agentes, cada um com um papel específico na dinâmica econômica, bem como com uma renda específica derivada da sua respectiva participação no processo de produção. Os proprietários de terra oferecem terras cultiváveis em troca de aluguéis e consomem sua renda em produtos manufaturados. Os trabalhadores assalariados oferecem força de trabalho em troca de salários e consomem todo o seu salário no processo de reprodução de sua vida cotidiana. Os capitalistas, que a partir de uma dotação inicial de dinheiro, contratam trabalhadores assalariados e adquirem meios de produção diversos, combina-os através de determinado processo produtivo, obtém uma mercadoria e a ofertam no mercado para venda realizando lucro.

Portanto, para os clássicos, de forma geral, o ponto de partida do processo de transformação econômica (desenvolvimento) está associado a uma "dotação inicial de dinheiro", um excedente. A existência deste, por sua vez, está associado a ideia de sacrifício. Foi somente a partir do sacrifício de um consumo presente (poupança) por um consumo ampliado no futuro que apareceu o excedente. A acumulação primitiva para os clássicos, como constatada por Marx (2017, p. 785), grosso modo, ocorreu da seguinte forma: "[...] numa época muito remota, havia, por um lado, uma elite laboriosa, inteligente e sobretudo parcimoniosa, e, por outro, uma súcia de vadios a dissipar tudo o que tinham e ainda mais [...]".

Nesse esquema a responsabilidade pelo desenvolvimento econômico, ou seja, pela geração de riqueza nacional (excedente) é de responsabilidade de uma única classe: a classe capitalista. O papel da classe dos proprietários de terra está representado de duas formas; consumo (inclusive de ostentação), e aumento do aluguel da terra, decorrente do próprio crescimento econômico e do processo de urbanização, que aumentando estes aluguéis, aumenta também o custo de vida dos trabalhadores assalariados e, consequentemente, afeta de forma negativa o lucro da classe capitalista. Tese, apresentada por Ricardo, a partir de sua teoria sobre a renda da terra. Se o cultivo se estender para terras mais distantes do lugar de consumo e ocorrer a partir de níveis inferiores de produtividade (devido a qualidade inferior das terras), necessariamente acarretará aumento nos preços e consequente aumento no custo de vida da população. Logo, aumentará a participação dos proprietários de terra no produto, aumento dos salários urbanos, processo que resultará numa redução da participação dos lucros no produto total da economia. O resultado será uma diminuição dos lucros e desestímulo à produção. No limite, os lucros serão zerados. Nesse caso, instala-se o famoso "estado estacionário" dos clássicos.

De forma geral, o desenvolvimento para os clássicos está associado ao processo produtivo (Smith), especificamente a produção manufatureira, e a uma certa configuração de classes sociais; na qual a cada agente econômico está associada, respectivamente, uma correspondente parcela do produto social (Ricardo); configuração na qual vigora os interesses dos capitalistas para ambos os autores (Smith e Ricardo). Nesse sentido, a existência ou não de desenvolvimento econômico depende da possibilidade da classe capitalista poder impor sua vontade sobre as demais classes.

O papel da classe trabalhadora assalaria é o da geração de valor. Pois, para os clássicos, grosso modo, diferentemente, dos fisiocratas (terra) e dos mercantilistas (acúmulo de metais preciosos), o valor é criado a partir do trabalho. A teoria do valor-trabalho foi uma contribuição fundamental para o desenvolvimento teórico da economia como ciência. A partir dela foi estabelecida uma abordagem científica para o tratamento das questões econômicas. Pois, dela derivou-se tanto a causa do valor (trabalho humano) como uma medida da sua grandeza (horas necessárias para produção de um determinado produto). Dessa forma, foi possível tanto justificar quanto explicar o processo de troca e sua generalização, a transformação do produto do trabalho em mercadoria, bem como a formulação de uma teoria dos preços de mercado.

Os clássicos também definiram que os problemas do desenvolvimento econômico necessariamente envolvem aspectos internos e externos a uma economia nacional. Portanto, a análise deve ser conduzida sempre considerando estas duas perspectivas como complementares. Primeiro, a organização interna de uma sociedade, ou seja, a base dos seus recursos naturais, as classes sociais existentes ou em surgimento, as relações estabelecidas entre as mesmas, a administração pública (formas de governo e relações políticas). Enfim, o passado nacional e sua evolução. Segundo, as relações externas que uma economia nacional estabelece com outras nações próximas ou distantes.

Oliveira (2003), sistematizou essa metodologia em seu estudo sobre o processo histórico de industrialização através da denominação de *mediações históricas*. Na sua análise, situada entre o final do século XVIII e o final do século XIX, as mediações históricas servem para definir padrões de desenvolvimento do capitalismo ao longo de sua expansão mundial enquanto modo de produção dominante. Esses padrões então foram configurados pelo referido autor, a partir do passado nacional, que pode ser, segundo ele, feudal ou colonial (mediação histórica interna), e da etapa do capitalismo (acumulação primitiva, capitalismo concorrencial, capitalismo monopolista), no qual o processo de industrialização de um país se desenrola (mediação histórica externa).

Para Oliveira (2003), os padrões de capitalismo e os seus respectivos processos de industrialização, a partir da relação entre mediações internas e externas, são os seguintes: 1) capitalismo originário – correspondente a Revolução Industrial Inglesa (passado feudal e etapa histórica da acumulação primitiva); 2) capitalismo atrasado (correspondente a duas ondas): a) industrializações atrasadas da primeira onda, Alemanha, França e EUA (passado nacional feudal, com exceção dos EUA, e fase do capitalismo concorrencial); b) Japão e Rússia, na segunda metade do século XIX, já no período de transição do capitalismo concorrencial para o monopolista (países de passado feudal); e 3) capitalismo retardatário, principalmente, países de passado colonial e subalternos na divisão internacional do trabalho, que se industrializaram já no capitalismo monopolista do século XX.

Assim, também, procederam os clássicos. Depois de analisarem a estrutura interna destacando o papel dos agentes econômicos passaram a teorizar sobre as relações externas. Smith, a partir da crítica do sistema mercantilista elaborou um conjunto de formulações sobre as vantagens do comércio externo e formulou sua teoria do livre comércio.

> [...] Quaisquer que sejam os países ou regiões com os quais se comercializa, todos eles obtêm dois benefícios do comércio exterior. Este faz sair do país aquele excedente da produção da terra e do trabalho para o qual não existe demanda no país, trazendo de volta, em troca, alguma outra mercadoria da qual há necessidade [...] Devido ao comércio exterior, a estreiteza do mercado interno não impede que a divisão do trabalho seja efetuada até à perfeição máxima em qualquer ramo do artesanato e da manufatura [...] O comércio externo presta continuamente esses grandes e relevantes serviços a todos os países entre os quais ele é praticado [...] (SMITH, 1983, p. 372).

Entretanto, foi Ricardo que sistematizou uma teoria do comércio internacional, a partir da sua teoria das vantagens comparativas, a qual se tornou fundamento para formulação de toda uma vertente de teorias de comércio internacional, a partir de então. Sendo contestada somente na década de 1950, através da constatação empírica, entre economias do centro e da periferia, de que o comércio externo não conduziu a uma convergência na remuneração dos fatores produtivos entre os diferentes países participantes da economia mundial.

> Ao contrário do que se infere desta última [a teoria tradicional do comércio internacional], o intercâmbio externo não conduziu a uma igualação na

remuneração dos fatores. Pelo contrário: ele tem operado no sentido de possibilitar a concentração da renda em favor dos países industrializados mediante a deterioração a longo prazo dos termos do intercâmbio dos países especializados na exportação de matérias-primas (FURTADO, 2000, p. 236).

Toda essa apresentação dos clássicos foi realizada com três finalidades. A primeira, mostrar a importância da teoria do valor-trabalho como elemento central do pensamento dos clássicos, a partir do qual foi formulado um vasto e rico arsenal de instrumentos de análise econômica. Segundo, mostrar que as metodologias formuladas e utilizadas pelos clássicos ainda são importantes para a análise econômica. Terceiro, que a "formulação de regras normativas" deve ser uma "função central da análise teórica". Isso porque, o objetivo de suas análises era a "sociedade realmente existente", mas ao mesmo tempo era também "uma definição da sociedade que eles sustentavam deveria existir (MYRDAL, 1984, p. 18).

Portanto, mesmo que a ideia de desenvolvimento dos clássicos seja incongruente com o "Valor Social" (entendido como o benefício geral de todos derivado do crescimento econômico), eles acreditavam no contrário. Para eles, o estabelecimento da teoria do valor-trabalho – ao colocar o trabalho produtivo como fundamento da riqueza, ao destacar o papel ativo do capitalista na dinâmica econômica em relação as outras classes sociais, ao estabelecer o mercado como organizador infalível das trocas eficientes, ao invés das relações de servidão, ou ainda, ao destacar as vantagens do comércio externo e da produção manufatureira –, significava a descoberta do fundamento de uma nova sociedade: "[...] esclarecida e iluminada sociedade de indivíduos independentes que racionam e discutem, permutam e trocam, homens justos e deliberados que enxergam através dos seus próprios preconceitos [...] (ROTHSCHILD, 2003, p. 18)."

Uma das lições mais importantes dos clássicos é certamente sobre a relação entre Economia e Política. Mesmo no âmbito da doutrina do liberalismo econômico os clássicos formularam um conjunto de proposições normativas que contribuiria para levar a sociedade ao "bem comum". Isso porque o "bem comum" é uma determinação política. Liberdade, igualdade, justiça, são valores sociais definidos como um "bem comum", um produto da razão humana em contraposição a nossa constituição original como animais. Na natureza selvagem a sobrevivência de um depende da aniquilação do outro, é a luta pela existência. Na sociedade, essa segunda natureza, também exige uma segunda estratégia de sobrevivência, que nos é dada pelo uso da razão. A Economia seria a ciência que forneceria os meios e os instrumentos que nos distanciaria da luta pela sobrevivência, como na natureza, e nos conduziria para uma situação na qual não houvesse nem violência, nem exploração e/ou expropriação, nas relações que os homens estabelecem entre si no seu processo de produção e reprodução social.

A crença implícita na existência de um corpo de conhecimento científico adquirido independentemente de todos os juízos de valor é, como eu a vejo, ingênuo empirismo. Os fatos não se organizam a si mesmo em conceitos e teorias apenas por serem contemplados; em verdade, exceto dentro da moldura de conceitos e teorias, não há fatos científicos, mas apenas caos. Existe um iniludível elemento a priori em todo trabalho científico. Interrogações devem ser feitas antes que as respostas possam ser dadas. As interrogações são uma expressão de nosso interesse pelo mundo; são no fundo juízos de valor. Os juízos de valor estão assim necessariamente abrangidos na fase em que observamos os fatos e elaboramos a análise teórica, e não apenas na fase em que tiramos as deduções políticas de fatos e juízos de valor (MYRDAL, 1984, p. 4-5).

Todavia, a Economia enquanto ciência trilhou outro caminho. Como destaca Myrdal (1984, p. 23), o "[...] resultado dos esforços de várias gerações de economistas a fim de encontrar normas de política econômica [...]" desenvolveu e aperfeiçoou "um núcleo de economia positiva". Daí em diante passou a ser aceita "[...] a tese geral de que a ciência econômica, para ser científica, devia abster-se de buscar estabelecer normas políticas [...]" (MYRDAL, 1984, p. 24).

A substituição da filosofia da lei natural pelo utilitarismo, através da revolução marginalista, alterou completamente o entendimento dos processos econômicos e suas relações com a sociedade. Uma evolução da filosofia da lei natural muito mais perigosa e maligna para o "bem comum". O máximo das necessidades humanas dependeria não mais da ação do homem, mas tão somente da ação autônoma e automática das forças de mercado na sua busca de um "estado de equilíbrio". Estado este que refletiria uma distribuição de renda ótima de acordo com a produtividade marginal de cada fator, independentemente, da situação social de cada agente (rico ou pobre, capitalista ou assalariado).

Conforme análise de Furtado (2000, p. 49), "[...] desapareceria totalmente a incômoda ideia dos clássicos de que eram de natureza distinta a remuneração do trabalho e do capital [...]", e o desenvolvimento econômico "estaria na boa disposição de alguns cidadãos", moralmente determinados pelos conceitos de espera (expectativa de lucro futuro) e de sacrifício (poupança).

> A teoria do desenvolvimento econômico que se pode extrair do modelo neoclássico é simples e se formula como segue: o aumento de produtividade do trabalho (que se reflete na elevação do salário real) é consequência da acumulação de capita, a qual, por sua vez, está na dependência da taxa antecipada de remuneração dos novos capitais e do preço de oferta da poupança. A acumulação de capital, provocando um aumento nos salários reais, tenderia a incrementar a participação dos salários no produto e, portanto, a reduzir a taxa média de rentabilidade do capital. Ora, diminuindo o 'preço de procura' do capital, haveria desestímulo à poupança e, consequentemente, redução no ritmo da acumulação de capital. Retrocedemos, dessa forma, à teoria da estagnação. A rigor, as ideias de lucro, acumulação, desenvolvimento, não cabem no modelo neoclássico

senão como consequências de um afastamento da posição de equilíbrio. Nesta, a remuneração do capital tem que ser igual em todas as suas aplicações, correspondendo à taxa de juros. Na medida em que existam lucros, vale dizer, remuneração para o capital, em determinado setor, superior à média, cabe deduzir que não foi alcançada a alocação ótima dos recursos produtivos, pois seria possível aumentar a produtividade de um fator deslocando-o de um para outro setor. Como a acumulação, isto é, a inversão líquida, só se realiza em face de um lucro antecipado, é evidente que a utilização ótima dos recursos somente pode ser definida em termos de uma economia estacionária (FURTADO, 2000, p. 50-51).

Talvez a análise mais próxima da proposição de uma teoria do desenvolvimento econômico verdadeiramente social tenha sido proposta, ainda por Marx, em sua obra "O capital". Partindo da teoria do valor-trabalho, ele realmente alcançara a essência da contradição entre a relação social capital e o estabelecimento do "Valor Social", enquanto "bem comum". A sua teoria da exploração revela a diferença entre o que é essência e o que é aparência no modo de produção capitalista. A sua teoria da acumulação capitalista revela a forma sempre desigual e combinada de produção e reprodução do capitalismo através da socialização do trabalho e da apropriação privada de seu resultado. A sua teoria do exército industrial de reserva nos mostra como os indivíduos somente representam um valor de troca no processo social, empregados quando servem ao capital, desempregados quando perdem sua utilidade como tal. De forma geral, a sua teoria revela como tudo e todos se tornam reféns da produção pela produção e da acumulação pela acumulação, ao invés da produção servir para a satisfação das necessidades humanas. Estas aparecem mais como um colateral da produção do que como o seu objetivo principal.

Após Marx, nem as vertentes heterodoxas nem as vertentes ortodoxas conseguiram formular alguma teoria que não fosse baseada na:

> [...] ideia de que o processo econômico representa a economia de uma sociedade personificada que tenta obter o máximo dos recursos disponíveis, trabalhando desse modo para um objetivo comum, permaneceu a forma geralmente aceita de raciocínio em Economia e governou a formulação e a prova de suas doutrinas políticas. Por ela será apurado que, em essência, todas essas doutrinas servem para indicar o que é mais 'econômico' do ponto de vista da sociedade (MYRDAL, 1984, p. 27).

Keynes consolidou essa forma de pensar Economia através da condição de equilíbrio macroeconômico dada pela identidade entre poupança e investimento. No curto prazo o multiplicador keynesiano passa ser sinônimo de crescimento e desenvolvimento. No longo prazo, a partir da dinamização de seu modelo realizada por economistas pós-keynesianos, o problema do crescimento (ou do desenvolvimento), consistiu tão somente em encontrar uma taxa que equilibrasse proporcionalmente as variações na renda e na capacidade produtiva.

Existe, ainda, um outro conjunto abordagens que tratam do tema desenvolvimento, mas que não exploraremos no presente item, tais como o institucionalismo e a economia evolucionária, por exemplo. Não por não serem importantes ou interessantes. Pelo contrário, apresentam aportes relevantes principalmente relacionando economia, política, instituições e progresso técnico. Todavia, em termos de teoria do desenvolvimento como definido nesse livro, apontam para os mesmos resultados dos modelos dinâmicos keynesianos. Ou seja, não resolvem a incompatibilidade entre Economia e "Valor Social".

Como afirmou Mandel (1982, p. 26), a história do capitalismo é "[...] ao mesmo tempo a história de suas regularidades internas e contradições em desdobramento [...]".

3.2. O desenvolvimento capitalista

Para tornar o nosso debate mais claro e com propósito, precisamos primeiro considerar que o tema desenvolvimento, como foi tratado até agora no pensamento econômico, à exceção de Marx, e em certo sentido dos clássicos, significa desenvolvimento no capitalismo e do capitalismo. Portanto, se o capitalismo é um sistema que se expande eivado de contradições, o seu desenvolvimento, ou uma teoria do desenvolvimento que lhe seja proposta, também resultará em uma teoria com tais contradições.

Nesse aspecto, o desenvolvimento do capitalismo pode ser entendido como o desenvolvimento e a combinação, em determinadas proporções, e de acordo com sua etapa histórica, de capital mercantil, capital industrial e capital bancário, com determinadas implicações sobre a sua dinâmica. A contradição entre capital e trabalho é uma constate ao longo de sua existência e reflete-se: tanto nas configurações do processo de acumulação de capital (formas de realização do mais-valor absoluto e relativo e as implicações do progresso técnico sobre a amplitude da extração dos mesmos); quanto na desigual distribuição do produto, sempre mantendo a separação de classes entre capitalistas e trabalhadores assalariados.

Assim, a cada estágio do capitalismo corresponde uma forma particular de acumulação que lhe imprime uma dinâmica também específica. De forma muito abrangente podemos separar tais estágios como segue. A era do capital mercantil ou do mercantilismo que data do século XVI a meados do século XIX. A era do capital industrial, do final do XVIII, a partir da Revolução Industrial Inglesa, até o terceiro quartel do século XX, incluindo um novo padrão tecnológico a partir do início desse século. A era do capital digital-financeiro, que tem como suporte a Revolução Técnico-Científico-Informacional, a partir de meados dos anos 1970, e que ainda se encontra em plena ebulição. A cada um desses estágios corresponde um certo desenvolvimento da forma valor (cada vez mais desmaterializado), um particular processo dominante de acumulação (acumulação mercantil, acumulação industrial, acumulação fictícia), e uma certa configuração de distribuição de renda, sempre desigual, pois corresponde as respectivas participações dos fatores no produto total.

Ao que parece, desses três grandes estágios somente o industrial possibilitou alguma distribuição de renda menos desfavorável a classe trabalhadora. Especialmente, nos períodos em que esta conseguiu se organizar e, através de muita luta (as vezes de forma violenta outras pela via "legal"), implantar ou alterar um certo arranjo de legislação trabalhista (como por exemplo, na Inglaterra do século XIX). Ou, também, em períodos de intenso crescimento econômico do capitalismo, como foi o caso da Idade de Ouro, no século XX, que resultou na construção do "sonho americano".

Todavia, em comum, todas essas eras guardam, reproduzem e ampliam, a contradição básica do capitalismo que está fundada nas suas relações sociais de produção: o trabalho assalariado e sua correspondente ideologia meritocrática de recompensa, sentido de pertencimento e reconhecimento sociais.

Talvez, ainda, uma das melhores referências parar analisar a questão do desenvolvimento no capitalismo e do capitalismo seja o livro "Crescimento econômico moderno", de Kuznets, publicado em 1966. Nele, o autor apresenta suas ideias acerca da natureza do crescimento econômico desde a Revolução Industrial Inglesa até o início da década de 1960, trabalho que foi realizado a partir de uma larga base estatística. Como destacou Rischbieter, apresentador do livro na tradução brasileira, de 1983, o renomado economista americano Paul Samuelson afirmou que foi graças as pesquisas de

Kuznets que se pôde "formular certas uniformidades gerais sobre o desenvolvimento" (tanto dos EUA quanto das outras nações avançadas do mundo). Logo, no sentido tradicional é também um livro sobre o desenvolvimento econômico. Até o momento talvez seja a análise estatisticamente mais ampla e de maior profundidade teórica já realizada pela ortodoxia econômica sobre o tema.

O capítulo quatro do livro de Kuznets, que trata da "distribuição do produto e da renda", é tanto uma confirmação da análise realizada nos capítulos anteriores, quanto do capítulo XXIII, do livro I, de "O capital", intitulado "a lei geral da acumulação capitalista". Observemos que Kuznets fez sua análise na idade de ouro do capitalismo. Ele confirmou que no curso do crescimento econômico as "participações da renda nacional, da renda pessoal e da renda disponível no produto nacional bruto declinam", apesar dos "incrementos sustentados do produto total e *per capita*" (KUZNETS, 1983, p. 114). O referido autor credita essa redução a dois fatores: 1) "amplitude da taxação progressiva da renda"; e 2) "provisão de benefícios gratuitos" (ampliação dos serviços sociais ofertados pelo Estado, médicos e educacionais, por exemplo). O que reflete em parte a realidade do estado de bem-estar social.

Kuznets (1983, p. 132), nesse capítulo, estava interessado em "estudar os efeitos do crescimento econômico – interpretados como mudanças no processo de produção – sobre a distribuição da renda por tamanho", ou seja, por indivíduos e por famílias (principais recebedores da economia).

[...] Nosso interesse principal é observar se, em associação com o crescimento da renda *per capita*, as mudanças na estrutura industrial, as tendências nas participações dos fatores e outras tendências dentro do crescimento econômico moderno, tem havido também mudanças Desna distribuição da renda por tamanho, que por sua vez teria afetado os usos das rendas em poupanças e investimento ou em diferentes categorias de consumo [...] (KUZNETS, 1983, p. 132).

Destarte, apesar do autor estar interessado em estudar as tendências nas participações dos fatores associadas às mudanças do processo de produção, ele partiu de uma premissa de valor já estabelecida: "[...] a comparação das participações na renda deve ajustar-se a diferenças no custo de vida [...]" (KUZNETS, 1983, p. 133). A sua conclusão é a de que a desigualdade nas participações na renda, derivadas da esfera da produção, se ampliam porque os custos de vida se ampliam, e, ainda, que no curso do crescimento econômico a participação do consumo se mantém mesmo diante do incremento de renda *per capita*.

[...] O processo de produção reflete as diferentes condições de vida, associadas a diferentes funções e níveis de condição; quaisquer mudanças na distribuição da renda por tamanho, que reflita tais diferenciais em custos associados e indispensáveis, devem ser ajustadas aos efeitos destes. Assim, se, no processo do crescimento econômico, a desigualdade nas participações que derivam do processo produtivo se amplia (ou se estreita) porque os custos diferenciais se ampliam (ou se estreitam), tais mudanças não podem ser interpretadas como tendências expressivas na distribuição da renda (KUZNETS, 1983, p. 134)

Agora comparemos a afirmação de Kuznets com a seguinte citação do capítulo XXIII, de O capital, de Marx.

[...] Mas as circunstâncias mais ou menos favoráveis em que o assalariados se mantém e se multiplicam em nada alteram o caráter fundamental da produção capitalista. Assim como a reprodução simples reproduz continuamente a própria relação capitalista – capitalistas de um lado, assalariados de outro –, a reprodução em escala ampliada, ou seja, a acumulação, reproduz a relação capitalista em escala ampliada – de um lado, mais capitalistas, ou capitalistas maiores; de outro, mais assalariados. A reprodução da força de trabalho, que tem incessantemente de se incorporar ao capital como meio de valorização, que não pode desligar-se dele e cuja submissão ao capital só é velada pela mudança dos capitalistas individuais aos quais se vende, constitui, na realidade, um momento da reprodução do próprio capital. A acumulação do capital e, portanto, multiplicação do proletariado (MARX, 2017, p. 690).

Para Kuznets a desigualdade se amplia ou se estreita, ela nunca se resolve. E não se resolve porque "o processo de produção reflete as diferentes condições de vida, associadas a diferentes funções e níveis de condição", segundo o próprio autor. Para Marx, que constata em sua análise cem anos antes o mesmo processo que Kuznets, a desigualdade não se resolve porque "o caráter fundamental da produção capitalista", seja na reprodução simples ou ampliada, é a reprodução contínua da própria relação capitalista, ou seja, os capitalistas e seus lucros, de um lado, e, de outro, os assalariados (que representam e importam para o capital somente enquanto custo de sua própria reprodução física; valor que regula os salários).

A premissa de valor de Kuznets, "as diferentes condições de vida, associadas a diferentes funções e níveis de condição", não se mostra nem pertinente nem significativa para a sociedade. Pois, ela afasta-se do "bem comum", do "bem-estar", do "Valor Social", enfim, da relação de reciprocidade que deve haver entre rendimentos econômicos e satisfação das necessidades sociais. A análise de Myrdal constitui uma síntese cristalina da comparação estabelecida acima.

> Enquanto, por exemplo, muitos economistas, principalmente nos primeiros tempos, sentiram-se chamados a equidade ou conveniência da distribuição vigente da renda e da riqueza, outros tentaram provar o contrário e indicar reformas que, se adotadas, substituiriam o sistema dominante por um mais equitativo. Nas últimas décadas os economistas frequentemente tentaram contornar a questão por inteiro, pressupondo, por exemplo, a existência de uma distribuição equitativa da propriedade e da renda. Faz-se, às vezes, com que essa premissa também abranja todos os juízos de valor "não

econômicos" a respeito de distribuição, método usado por aqueles que desconfiam das soluções "puramente econômicas" do problema da correta distribuição. A hipótese formulada para que o teorista fique livre para estabelecer regras de troca, produção, tributação e todos os assuntos que, como ele pensa, podem ser isolados do problema da distribuição e assim tratados independentes das premissas políticas (MYRDAL, 1984, p. 25).

A conclusão de Kuznets, sintetizada na sua famosa curva de U-invertido constitui outra ideia enganosa sobre a realização do "bem comum". Pois, no contexto da contradição real da relação capital/trabalho não se pode realizar a plenitude dos valores sociais de liberdade, de igualdade e de reciprocidade. O autor revela que a desigualdade de renda é uma condição própria do capitalismo que ora pode diminuir e ora aumentar, conforme o estágio de desenvolvimento do capitalismo, mas sem nunca se resolver. Ou seja, nos estágios iniciais do processo de crescimento econômico aumenta a desigualdade de renda, mas à medida que os setores não-agrícolas (não-A) passam a determinar a dinâmica econômica e, que, o progresso técnico é internalizado como fator produtivo, a desigualdade de renda tende a diminuir.

[...] Parece plausível admitir que no processo de crescimento os períodos mais remotos são caracterizados por um equilíbrio de forças opostas, e que podem ter ampliado durante certo tempo a desigualdade na distribuição por tamanho da renda total, em consequência do rápido crescimento da renda do setor não-A e da maior desigualdade nele existente. É até mais plausível afirmar que a crescente redução da desigualdade da renda observada em países desenvolvidos proveio de uma combinação de desigualdades intersetoriais decrescentes no produto por trabalhador, de um declínio da participação das rendas de propriedade nas rendas totais das unidades familiares, de mudanças institucionais que refletem decisões relativas à previdência social e ao pleno emprego [...] (KUZNETS, 1984, p. 145).

As conclusões apresentadas nesse item dizem respeito a incompatibilidade da realização do desenvolvimento econômico, no sentido do estabelecimento real do "Valor Social", no contexto da contradição da relação social capital/trabalho, para uma economia nacional. As mesmas conclusões podem ser aplicadas em nível das relações entre países, ou seja, em termos de economia-mundo. No entanto, não nos deteremos nessa discussão. Para resumir, ainda que de forma muito grosseira as conclusões gerais da teoria econômica convencional, basta mostrar que sendo as premissas de explicação das relações internacionais entre países as mesmas da economia nacional, ou seja, aquelas baseadas na remuneração dos fatores a partir de suas respectivas participações no processo de produção, adicionada a premissa do progresso técnico, como bem público internacional ("estoque mundial de conhecimentos úteis – fonte potencialmente acessível a todos os países", como expresso por Kuznets), o resultado da teoria convencional é um progresso econômico harmonioso entre as nações. Terminando por uma convergência de renda internacional e para uma situação de equilíbrio de bem estar geral entre todas as nações.

No entanto, ao longo do capitalismo e, mais recentemente, a partir da nova configuração do processo de acumulação, que alterou o padrão sistêmico de riqueza, de produtivo-financeiro para financeiro-digital, o que se observa são evidências empíricas de contradições cada vez maiores entre o capital e todo o "resto" (derivadas de novos instrumentos tecnológicos de extração de mais-valor). As consequências dessa nova forma de acumulação no processo de distribuição de renda também passaram a ser muito mais perversas e de grande magnitude tanto entre classes sociais quanto entre países.

Conforme Braga (1998), a financeirização tornou-se o padrão sistêmico de riqueza porque a valorização e a concorrência operam sob a lógica financeira. Nesse sentido, a financeirização representa a forma contemporânea de definir, gerir e realizar riqueza no capitalismo, porque está constituída por componentes fundamentais da organização capitalista. Conforme destaca o referido autor, esse novo padrão, "[...] sinaliza um movimento desequilibrador da divisão internacional do trabalho e disparidades crescentes de renda, de riqueza e de sociabilidade; compreendidas como acesso ao emprego, à expansão vital e cultural, à conivência democrática e civilizada" (BRAGA, 1998, p. 238-239).

Como Chesnais (1996), entendemos que a mundialização deve ser pensada como parte do processo de internacionalização do capital e de sua valorização:

O grau de interpenetração entre os capitais de diferentes nacionalidades aumentou. O investimento internacional cruzado e as fusões-aquisições transfronteiras engendram estruturas de oferta altamente concentradas a nível mundial [acentuando] os aspectos financeiros dos grupos industriais e [imprimindo] uma lógica financeira ao capital investido no setor de manufaturas e serviços (CHESNAIS, 1996, p. 33).

Essa mobilidade e autonomização do processo de acumulação diante das diferentes formas de existência do capital têm um preço político e social muito elevado. Primeiro, a perda de poder do Estado para disciplinar e normatizar o crescimento e o desenvolvimento das economias nacionais. O Estado torna-se refém da lógica do capital. Portanto, ao se tornar prisioneiro da lógica da financeirização, se não perde completamente sua capacidade de fazer políticas públicas, sua autonomia política passa a ser bastante limitada.

Esse "modo de ser" da riqueza contemporânea não apresenta condições para um desenvolvimento voltado para o social, antes de tudo, "[...] representa a modalidade adequada e perversa da acumulação no novo capitalismo (MARAZZI, 2011, p. 54). Para Carcanholo e Nakatani (1999, p. 302):

> [...] o capital especulativo não apresenta condições de sustentar uma nova era no capitalismo, que se mantenha por décadas e que reorganize historicamente o mundo segundo os seus interesses, que possa estabelecer uma nova divisão internacional

do trabalho sustentável, que garanta níveis de crescimento econômico aceitáveis e que permita condições de vida minimamente suportáveis para razoável contingente da população mundial. A época do predomínio do capital especulativo parasitário só pode prevalecer durante um período, maior ou menor, marcado por profundas e recorrentes crises financeiras e, de outro lado, por uma polarização jamais vista antes na história do capitalismo: magnífica riqueza material de um lado e profunda e crescente miséria em grande parte do mundo.

Saskia Sassen, no seu livro "Expulsões", de 2014, tratou do que ela denominou de "novas lógicas de expulsão". O título de sua introdução já se apresenta bastante sugestivo, "a seleção selvagem". Para ela, essa nova fase do capitalismo avançado reinventou os mecanismos de acumulação primitiva, seja através de inovações que aumentaram a capacidade de extração de recursos naturais, resultando em extensões cada vez maiores de terras e águas mortas; seja através de operações complexas e de muita inovação especializada, relacionadas, por exemplo, a logística das terceirizações ou ao algoritmo das finanças, fazendo ressurgir formas extremas de pobreza e brutalização social.

Enfrentamos um terrível problema em nossa economia política global: o surgimento de novas lógicas de expulsão. Nas duas últimas décadas, houve grande crescimento da quantidade de pessoas, empresas e lugares expulsos das ordens sociais e econômicas centrais de nosso tempo. Essa guinada em direção à expulsão radical foi possibilitada por decisões elementares em alguns casos; em outros, por algumas de nossas conquistas econômicas e técnicas mais avançadas. O conceito de expulsões leva-nos além daquela ideia que nos é familiar da desigualdade crescente como forma de entender as patologias do capitalismo global atual. Também põe em primeiro plano o fato de que algumas formas de conhecimento e inteligência que respeitamos e admiramos muitas vezes estão na origem de longas cadeias de transação que podem terminar em simples expulsões. (SASSEN, 2016, p. 9)

Posto isto, a única solução real para o problema real do desenvolvimento econômico e da sua questão central, a distribuição de renda, foi proposta num enunciado muito simples, ainda, em 1848:
"TRABALHADORES DO MUNDO, UNI-VOS!"

4. Necessidades sociais iguais, rendimentos monetários iguais, independentemente da função social

Este capítulo é basicamente a reprodução dos capítulos 6 e 7 do livro "A última revolução: crítica de economia política". Diante da teoria exposta nos capítulos anteriores acreditamos que as proposições de política sugeridas, ainda que de forma bastante especulativa, mereçam uma reflexão. E que esta reflexão possa nos apontar caminhos alternativos na direção de um desenvolvimento econômico diferente do que vivenciamos até essa quadra histórica do capitalismo.

Em uma sociedade tão distópica como a nossa, a moralidade figura somente como mais uma forma de reificação. Além do fetiche da mercadoria e do fetiche do dinheiro, parece existir um outro de fetiche no qual o objeto fetichizado é o próprio homem em suas relações sociais. Para apresentar o nosso argumento parafraseamos a exposição de Marx relacionada ao que as mercadorias diriam se pudessem falar. A nossa apresentação é a seguinte.

É possível que o nosso valor de uso enquanto homens (atributo de ser consciente e autônomo como ser social), tenha algum interesse para o capital. A nós e entre nós, como homens-coisa, o valor de uso em si não diz respeito, porque aceitamos que somos somente um meio para um fim, do capital. O que nos diz respeito reificadamente é o quanto podemos ser explorados (gerar mais-valor); disso não reclamamos, pois de algum modo somos convencidos do sonho da riqueza abstrata que nos espera no fim do caminho. Porém, nossa própria circulação, como coisa-mercadoria, nos afasta e nos condena a uma alienação perpétua, tanto no plano vertical quanto no horizontal. O primeiro plano, diz respeito a alienação da relação capital/trabalho. O segundo, retrata a alienação entre nós, homens-coisa, que nos relacionamos uns com os outros apenas como valores de troca, como indivíduos abstratos, cada vez mais individualizados e bestializados pelas novas tecnologias. Aguardamos apenas as ordens do capital (simbolizando o homem-homem, o verdadeiro, o caminho), emitidas para poucos de nós que permaneceremos coisa, àqueles de nós não chamados nem coisa poderemos mais ser.

A fetichização do homem acontece quando as relações sociais entre os mesmos são mediadas pelo homem como não *ser*, como coisa, o homem-coisa, alienado, bestializado e coisificado, tanto pela relação capital/trabalho quanto pelas relações sociais no próprio mundo do trabalho. Esse fetiche faz parte dos resultados humanos da Revolução Técnico-Científico-Informacional. Especificamente o de promover um processo incessante de fetichização do homem ao lhe proporcionar uma falsa sensação de autonomia, liberdade e de autoconhecimento. O texto original de Marx é o seguinte:

> Se as mercadorias pudessem falar, diriam: é possível que nosso valor de uso tenha algum interesse para os homens. A nós, como coisas, ele não nos diz respeito. O que nos diz respeito materialmente [*dinglich*] é nosso valor. Nossa própria circulação como coisas-mercadorias [*Warendinge*] é a prova disso. Relacionamo-nos umas com as outras apenas como valores de troca (MARX, 2017, p 128).

Um novo padrão de sociabilidade que nos afaste da luta pela existência e nos aproxime da ideia de humanidade, somente será possível a partir de um novo princípio: dos **rendimentos monetários iguais para necessidades sociais iguais, independentemente das funções sociais**. Para tanto, precisamos formar uma nova consciência, para um novo paradigma, no qual sejam eliminadas as ideias de **meritocracia** e **plutocracia**. No estágio atual do conhecimento humano, no qual as funções sociais são plenas de sentido, no qual existe um grande alcance da educação e da formação intelectual, embora de forma bastante desigual, essa parece ser uma ideia possível.

Nesse capítulo e no próximo, apresentamos em linhas muito gerais, algumas sugestões para tal empreitada. O desenvolvimento e a implementação de outras formas de humanização ficarão a cargo do leitor, de gestores ..., enfim, dos diversos atores sociais, como

77

um exercício de imaginação, mudança de consciência e ação, muita ação.

Comecemos com um exemplo prático. Utilizamos informações do portal da transparência do Ceará referentes a Instituição de Ensino Superior I.E.S. Em dezembro de 2020, em termos de servidores ativos, esta I.E.S. contava com 764 matrículas e um total de R$ 6.312.001,24, em pagamento de salários. A distância entre o menor salário (R$ 1.066,04) e o maior salário (R$ 27.232,44), era de 27 vezes. Significa dizer que o salário de 01 funcionário equivale ao de 27, ou em termos de valor de troca, 01 humano vale por 27, segundo a lógica da economia vulgar. Existem distâncias exponencialmente maiores nos setores financeiros modernos. Por exemplo, o salário de um CEO, maior cargo hierárquico de uma grande empresa, que inclui o salário mensal e também bônus e outras vantagens, pode chegar a R$ 46,880 milhões anuais. Esta foi justamente a remuneração do diretor-presidente do Itaú Unibanco, em 2018. Comparado ao menor salário da I.E.S, mesmo o de 2020, em valores mensais, representa, simplesmente, uma diferença de 3.665 vezes. Considerando agora, o salário de um Doutor da referida I.E.S., professor no último nível de progressão, o salário mensal de um CEO equivale ao de 216 doutores. Dificilmente encontraremos justificativa aceitável para essa realidade moral do capitalismo.

A lógica corrente de remuneração é que o professor, porque passou mais tempo estudando, deve obter um rendimento diferenciado; o sistema da meritocracia. Todavia, um auxiliar de serviços gerais, o funcionário que tem o menor salário, do ponto de vista social, tem as mesmas necessidades que o professor.

Ora, parece plausível que o que tem de ser diferente é a forma de ingresso de ambos no serviço público, não os rendimentos; já que ambos têm necessidades sociais iguais, que somente podem ser satisfeitas de igual forma através de rendimentos monetários também iguais. A discussão sobre a questão do incentivo, de que com salários iguais ninguém escolherá determinadas funções sociais, é uma discussão que ficará a cargo do leitor. O que podemos adiantar para sua reflexão é que diferenças intelectuais e físicas podem adequar pessoas e funções, em lugar da diferença de remuneração.

Imaginemos agora, que a partir de encontros e discussões entre os funcionários daquela I.E.S., houvesse uma mudança de consciência, e que existisse um mecanismo legal no qual a administração superior, de acordo com a vontade estabelecida, solicitasse ao governo do estado do Ceará igualizar a remuneração de todos. Existem duas formas de observar o resultado dessa mudança. Uma forma pessimista, própria da economia ortodoxa, na qual estaríamos piorando a situação de um para melhorar a situação de outro, que vai contra a alocação ótima de recursos (que situação ótima, na qual 01 pessoa vale por outras 27). A outra forma de observar, é entendendo o processo como resultado de uma nova lógica, uma nova razão, uma razão verdadeiramente humana. Pois, fundada não só na ficção da igualdade jurídica, mas na igualdade econômica. Significando, assim, uma transformação radical na estrutura econômica da sociedade, ou seja, nas relações sociais de produção. Em termos práticos, se o salário de todos for igualizado a partir da divisão do total de salários pelo número de matrículas, o valor médio seria de R$ 8.261,78. De forma geral, a ideia não está relacionada ao rebaixamento salarial e, sim, com a procura de um nível médio de remuneração adequado para satisfação das necessidades de todos e de cada um de forma mais igualitária, sejam elas provenientes do estômago ou da imaginação, como diria Marx. Imagine agora, que todas as instituições do tipo realizassem o mesmo procedimento. E ainda, que tal iniciativa fosse estendida para todas as esferas da administração pública, envolvendo todas as instituições e órgãos, do executivo, do legislativo e do judiciário. Existiriam ainda, diferentes salários médios pelos diversos setores, bem como a complexidade de estabelecer padrões médios de remuneração que refletissem diferentes custos de vida entre cidades grandes e pequenas, por exemplo.

A média citada acima, calculada por instituição, funciona apenas para ilustrar tanto um indicador de igualdade econômica quanto uma ação política na busca dessa igualdade. Destarte, seja muito mais adequado igualar a remuneração por uma medida mais geral. Dessa perspectiva, o PIB *per capita* poderia funcionar como um indicador de rendimento médio geral, passando de uma ferramenta limitada, para medir o padrão de vida, a uma medida de distribuição da riqueza produzida, a ser alcançada via sua operacionalização como renda *per capita* (mas que considere tanto aspectos de desigualdade social quanto de concentração de renda). A título de ilustração, o PIB *per capita* brasileiro, em valores correntes, foi de R$ 33.593,82, em 2018.

Tomamos como exemplo uma Instituição de Ensino Superior, porque primeiro, é o lugar onde trabalho. Segundo, porque como lugar formador de conhecimento, nada mais ideal para começar uma mudança radical nas relações sociais. Esse movimento de mudança vai muito mais além da mera remuneração igual, pois avança em direção da anulação do fetichismo do dinheiro e da mercadoria. Acreditamos que essa mudança pode ter mais chance de começar pelo serviço púbico (universidades, prefeituras, governos estaduais e federal, embaladas através das lutas dos movimentos e organizações sociais). No entanto, quando a remuneração monetária é realizada pelo setor privado, uma série de nuanças de diferentes ordens está associada a tal mudança. Precisaremos de muita imaginação e ação para ir resolvendo tal problemática, como sugerimos mais adiante. Adiantamos que nesse caso o que precisa ser desmantelado é a plutocracia.

Atingimos um nível de sofisticação técnica e produtiva jamais imaginado por qualquer pensador. Realmente temos um sistema produtivo e de comunicação integrado em nível mundial. Podemos agora pensar em uma produção e distribuição em nível planetário. Entretanto, vivemos em um mundo dominado pela plutocracia. Hoje, a partir da Revolução Informacional, podemos pensar verdadeiramente numa comunidade mundial, na qual as forças produtivas sejam em favor da humanização e não contra a humanidade. Parece um pensamento um tanto ingênuo, mas talvez essa seja nossa última chance, diante do desastre no qual estamos mergulhados. Precisamos racionalizar sobre uma nova propriedade privada, um novo processo de acumulação, um novo Estado (sua configuração e papel), e sobre a necessidade, urgência e possibilidade de um governo mundial.

O Estado, nessa nova etapa do capitalismo, está marcado pelo "[...] aprofundamento mundial da desigualdade econômica, a erosão global do bem-estar social e a penetração planetária das indústrias financeiras [...]" (APPADURAI, 2010, p. 29). A respeito do seu papel, por exemplo, Bauman (2019, p. 48), fala de uma "[...] desativação gradual mas inexorável das instituições de poder político [...]", Appadurai (2019, p. 30), de "fadiga da democracia", e Geiselberger (2019, p. 10), de "[...] 'securitização' (*securitization*) e de política simbólica pós-democrática [...]". De forma geral, para esses autores, passamos a conviver num contexto de incapacidade política de tratar os problemas globais (desigualdade econômica, migração, terrorismo, etc). Contexto também associado a transformação da cultura em palco de soberania que termina por produzir líderes populistas autoritários, visto que a soberania econômica não cabe mais dentro da soberania nacional. Estes, por sua vez, "[...] prometem a purificação da cultura nacional como via de poder político global [...]" (APPADURAI, 2019, p. 25). E ainda, vivemos a transformação do debate político democrático em uma via de "saída" da própria democracia; porém, mantendo a configuração de Estado e de poder inalteradas, criando assim, um verdadeiro simulacro de democracia ou uma democracia às avessas. Quem são os ganhadores e quem são os perdedores de tal processo?

> [...] Os principais vencedores são financistas extraterritoriais, fundos de investimento e operadores de commodities de todos os tons de legitimidade; já os principais derrotados são a igualdade econômica e social, os princípios da justiça intra e inter-Estados, além de grande parte, provavelmente uma maioria crescente, da população mundial. (BAUMAN, 2019, p. 48)

O outro lado da moeda é a configuração do Estado. O problema da configuração está relacionado a concentração de poder por ela gerada. Tomemos como exemplo as democracias presidencialistas. A repartição de poderes, entre executivo, legislativo e judiciário, é um aspecto fundamental da democracia, mas nem mesmo ela foi capaz de evitar a dramática situação descrita acima. Precisamos urgentemente de uma nova configuração de Estado que resulte numa nova configuração de poder na sociedade, em todos os níveis de governo, local, regional e nacional. Nesse aspecto trataremos apenas do poder executivo, presidência e ministérios, sendo que as sugestões servem para todos os níveis de governo.

Comecemos pelo presidente (se aplica também a prefeito e governador). Por que razão uma única pessoa deve comandar um país inteiro? Por que devemos nos sujeitar a governos que não representem os interesses sociais? Por que ainda nos sujeitamos a eleger e aceitar governantes do tipo de Trump ou de Bolsonaro, por exemplo? Por que não eleger no lugar destes um conselho governamental com assento para os setores representativos da sociedade? Qual seria o seu papel? Pensar e formular políticas para a execução por parte dos ministérios, bem como atender as demandas ministeriais. Com qual meios? Um quadro técnico permanente selecionado, via concurso público, para transformar soluções políticas em soluções técnicas. Qual o papel dos ministérios? Por que de quatro em quatro anos se trocam os ministros e suas equipes? Se pensarmos nos ministérios, a partir de suas atividades e funções, podemos concluir que a única resposta válida para a última pergunta está relacionada ao poder discricionário (barganhas de poder por elevados cargos e todas as formas de corrupção daí derivadas). Imaginemos agora uma situação diferente, na qual o ministério seja um órgão estruturado completamente a partir de concurso público e no qual, também, sua direção seja exercida por um conselho formado por funcionários de carreira. O papel dos ministérios continuaria o mesmo: elaboração de planos, projetos e sua execução. Talvez, se conseguíssemos implantar um executivo nessa perspectiva pudéssemos também ter alguma esperança na democracia novamente: uma verdadeira revolução democrática.

4.1. Contra a meritocracia e contra a plutocracia

Vimos como a propriedade privada gera acumulação incessante de capital e como este processo amplifica e aprofunda a propriedade privada. Como a associação entre propriedade privada e acumulação representa o cimento da forma capitalista de geração contínua de exploração e desigualdade. E ainda, como a produção capitalista representa uma forma de sociabilidade fetichizada. Todavia, esse incessante processo de acumulação nos alçou a um grau de desenvolvimento científico tal, que através dele temos a capacidade e a chance de nos reinventar enquanto humanidade. Quem poderia imaginar o computador, os algoritmos, as redes sociais, e tudo mais que realiza o mundo novo da informação e da computação. Nenhum aspecto, seja da natureza ou da sociedade, ficou de fora das transformações desencadeadas por essas novas tecnologias. Até o momento, elas têm sido utilizadas para reforçar, amplificar e perpetuar a forma de sociabilidade e de sociedade que temos. Em uma palavra, elas são as mais poderosas ferramentas já criadas para alavancagem do processo de acumulação capitalista. É a razão mais avançada já produzida pela razão humana. O clímax das forças produtivas como denominado por Marx. E é justamente nesse clímax das forças produtivas que pode operar uma nova revolução. Porque somente com esse instrumental torna-se possível a superação de comportamentos dualistas, tais como: dominação / dependência, exploração / desigualdade, riqueza / pobreza, exclusão / discriminação.

As bases dessa revolução assentam-se na extinção da propriedade privada e da acumulação. Historicamente, esse foi o motivo da revolução socialista e, como mostrou a história, mesmo essa revolução não foi capaz de gerar um outro processo de humanização. A nova revolução exige uma nova dialética, na qual continue existindo a propriedade privada, mas ao mesmo tempo não exista propriedade privada. Na qual, exista acumulação, mas ao mesmo tempo não exista acumulação. A propriedade privada é a própria individualidade humana. Ela não pode deixar de existir. Ao mesmo tempo, a propriedade privada não pode servir como instrumento de dominação e exploração, por isso ela deve ficar circunscrita a idiossincrasia humana. Da mesma forma, não pode existir sociedade sem acumulação, sem produção de excedente, de grandes somas de capital para grandes investimentos, mas a acumulação não pode ser privada. Portanto, precisamos criar os meios para assegurar ao mesmo tempo, a existência e não existência da propriedade privada, e a existência e não existência da acumulação. Para tanto, deverá existir uma nova relação entre o homem e o dinheiro, mediada pelas novas tecnologias. Não para amplificar o capital e a acumulação, muito pelo contrário, para "nivelar" os homens em suas relações sociais.

O que precisamos entender é que toda realidade histórica vivida até hoje teve como base a luta pela existência. O alcance do desenvolvimento da nossa razão parece ainda não ter produzido uma razão da razão humana. Talvez tenhamos atingido a capacidade material para tal feito apenas nessa etapa do desenvolvimento histórico. Pois, somente nessa quadra histórica temos as ferramentas produtivas e tecnológicas adequadas, do ponto de vista das informações, de seu processamento, das formas de administração, em todos os domínios que constituem a totalidade social. Finalmente, nesse período temos o poder para igualizar os homens e, ao mesmo tempo, manter as suas diferenças. Eliminar a ideia de heróis e vilões, tornar a administração pública social, dar a empresa privada um caráter realmente social, ao contrário da ideia central da acumulação pela acumulação. A liberdade que possibilita a um homem concentrar riqueza e poder sem medida, e utilizá-los da forma que bem entender, não pode ser a verdadeira liberdade. Esta tem de vir, necessariamente, da superação da ideia de luta pela existência, arraigada desde sempre em todas as sociedades históricas. Uma consciência realmente social não é compatível com a luta pela existência como observada na natureza. Ou a nossa natureza se torna diferente ou não nos tornaremos realmente humanos. Dessa forma, a liberdade humana exigirá um sacrifício monumental: a negação de nossa própria origem, nossa primeira natureza, nossa natureza animal, fundada na luta pela existência. Parece paradoxal falar ao mesmo tempo em liberdade e sacrifício. Mas, se por liberdade entendermos que todos os homens são semelhantes, são irmãos, possuem as mesmas necessidades, do ponto de vista social, a única forma de liberdade que podemos conceber seria a da equivalência econômica, entre cada um e entre todos. Para tanto, qualquer forma de propriedade privada que promova a acumulação incessante, é por si só incompatível com a liberdade. É, nesse sentido, que a liberdade exige sacrifício e, nesse sentido também, que o processo de humanização exige uma forma de superar a luta pela existência no seio da sociedade e entre todas as sociedades. Sem essa racionalização, todos os revolucionamentos no capitalismo ou em qualquer outro sistema, talvez nunca permitam a verdadeira emancipação humana. Porque essa emancipação não é apenas do homem em relação à natureza, mas, principalmente, do homem na sua luta pela existência contra os outros homens. Para tanto, torna-se fundamental eliminarmos da existência social a meritocracia e a plutocracia, como afirmado anteriormente. A ideia é simples, mas seu desenvolvimento e aplicação, em nível social, pode ser, no mínimo complexo, e dependendo da disposição social, poderá nunca ser colocado em prática: necessidades sociais iguais, rendimentos iguais. Para dar conta dessa ideia sugerimos o termo econocracia, base e fundamento de outra ideia, a sociocracia.

O termo econocracia não é novo, mas a nossa interpretação é totalmente oposta da sua ideia original. Esta se refere a um mundo governado por uma ciência econômica de linguagem hermética, inacessível as pessoas comuns. No qual as decisões políticas e as políticas sociais são pautadas pela aplicação de instrumentos quantitativos, ou seja, as pessoas são apenas *inputs* para as equações do sistema. De acordo com os autores Earle, Cahal e Ward (2016), a econocracia seria o sistema político que governa a maioria dos países atualmente, numa redução da política e do sistema político aos estreitos limites da economia neoclássica. Muito pelo contrário, a nossa ideia de econocracia está relacionada a rendimentos iguais para necessidades sociais iguais, ou seja, a completa eliminação do sistema meritocrático na sociedade. Por seu turno, a econocracia seria o fundamento da sociocracia. Este também não é um termo novo. O seu uso pelo filósofo francês Auguste Comte data da década de 1850. Mas, seu significado atual data da década de 1940, como descreve Koch-Gonzalez e Rau (2019). Existe uma gama de variações da sociocracia, mas de forma geral todas referem-se a modelos de governança. A nossa interpretação da sociocracia leva em consideração a configuração do Estado, como descrita no capítulo anterior. Considera também, que qualquer modelo de governança, seja para empresas ou governos, só ocorrerá com justiça e liberdade, na hipótese de rendimentos iguais, ou seja, na hipótese da econocracia.

Se as necessidades humanas, do ponto de vista social, são iguais, por que os rendimentos pessoais ou familiares são tão desiguais? Ao longo da história humana foi necessário muito pioneirismo, heroísmo e originalidade, para fazer surgir a agropecuária moderna, a fábrica, a escola, o hospital, etc. Destacamos esses sistemas por suas referências a produção, educação e saúde, como elementos fundamentais da existência social, representantes de uma totalidade social. Entretanto, a propriedade privada e a acumulação de capital, como fundamentos dessa totalidade, nos legaram um mundo de luta pela existência, como descrito anteriormente. Para a econocracia funcionar precisamos nos concentrar nas funções sociais dos sistemas acima mencionados. Portanto, há de se pensar novas formas jurídicas para dar conta das nuanças que envolvem a problemática dos rendimentos iguais na esfera privada da economia.

Do ponto de vista econômico, qualquer empresa ou entidade que se organize como tal, constitui-se num montante de receita, de despesa, desgaste ou depreciação, e necessidade de investimento (renovação, ampliação, modernização). O resultado que aparece dessa equação deverá ser o rendimento dos participantes, que deverá ser igual, independentemente de seu grau de instrução, cargo, função, tempo de empresa etc. Podemos, agora, estender esse raciocínio para um setor econômico e para estrutura produtiva de uma região, de um país, e até do mundo.

Nessa nova forma, o individual se torna coletivo sem deixar de ser individual, e o coletivo se torna individual sem deixar de ser coletivo. O instrumento de tal mudança é o mesmo da acumulação incessante e da relação capital, e não poderia ser diferente. O que foi separado pelo dinheiro somente pelo dinheiro retornará à unidade. A econocracia como base social e a sociocracia, como forma de organização política, de acordo com o capítulo anterior, tornará possível eliminar o fetiche da mercadoria, do dinheiro e do próprio homem. Um resumo das sugestões desse capítulo e do anterior são pontuadas a seguir.

1) Igualização de rendimentos para todos (equiparação entre igualdade jurídica e igualdade econômica);

2) Acumulação para fins coletivos e não mais como meta do indivíduo ou de grupos;

3) Limitação da propriedade privada e favorecimento dos bens públicos coletivos;

4) Ações, títulos, e demais formas de participação em empreendimentos terão funções sociais e não serão objetivos de acumulação e fortuna pessoal;

5) Transição da organização privada das empresas, do sistema produtivo, enfim de toda base econômica e de negócios da sociedade, para uma gestão sociocrática;

6) Administrações governamentais, no caso do poder executivo, serão exercidas através de conselhos dirigentes, eleitos democraticamente. Secretarias e ministérios serão constituídos exclusivamente por quadro técnico selecionado via concurso público. Não haverá mais designações políticas. A sua direção será eleita a partir do seu quadro profissional;

7) formação de um governo mundial para pensar, desenvolver e implantar formas de econocracia e de sociocracia.

Posto isto, considerando o desprezo do capitalismo pela existência dos povos, pelos conteúdos da vida, pela destruição da natureza e do ser, precisamos formular um novo enfoque para o desenvolvimento, que tenha como centro e fundamento a vida humana e seus conteúdos, não como mera retórica, mas como sentido último.

Para tanto, a vida humana precisa assumir a dimensão de um equivalente geral, em nível global, com força para sobrepujar outro equivalente geral, o dinheiro, em uma concretude que torne comum e igual o valor da vida para cada um e para todos, isto é, na produção do espaço. A vida humana entendida enquanto direito de existência igual para todos, direito ao resultado da produção social, da distribuição da produtividade do trabalho. Tendo em consideração que cada vida tem o mesmo valor. Todavia, para trilharmos esse caminho torna-se necessário o despertar de uma nova consciência global. Esta consciência tem como ponto de partida a ideia de que nenhum homem deve subjugar outro, seja por raça, riqueza ou poder, na medida em que tais ideias tendam a desaparecer. Nessa perspectiva, a limitação das grandes fortunas, dos supersalários, a imposição de limites sociais à propriedade privada, podem representar o primeiro passo nessa direção. Na direção da igualização de rendimentos, como apresentado anteriormente.

Precisamos enfim, reconhecer que a vida individual e a vida coletiva não são diversas, pois derivam da mesma substância: o ser. Insistimos, em um primeiro momento, na institucionalização de normas e leis que limitem salários e iguale rendimentos, rendas e patrimônio, de forma que as relações de reprodução sejam conformadas por controle social e não pelas leis da acumulação capitalista. A partir dessa consciência poderá se obter uma certa solidariedade contra a acumulação pela acumulação, contra o desmonte social e contra a destruição do meio ambiente. Algo como uma desmercadorização das relações de reprodução e, consequentemente, da cidade, da política, da cultura, da natureza e do próprio ser. Evidentemente, semelhante caminho não pode ser de uma região ou nação, mas tem de ser orquestrado de forma global. Para Žižek (2012, p. 334),

> [...] é ilusório esperar mudar de fato a situação, "ampliando" a democracia para a esfera econômica (digamos, reformulando os bancos para que sejam submetidos ao controle popular) [...]. Por mais radical que seja nosso anticapitalismo, nos processos "democráticos" (que podem ter um papel positivo, é claro), as soluções são buscadas apenas por meio dos mecanismos democráticos que fazem parte dos aparelhos ideológicos do estado "burguês" que garante a reprodução imperturbada do capital [...], a aceitação dos mecanismos democráticos como se constituíssem o único arcabouço para todas as mudanças possíveis [...] impede a transformação radical das relações capitalistas.

Todavia, a mudança tem de começar em algum lugar. Nesse contexto, como afirmamos anteriormente, a Universidade parece um lugar bastante promissor. Pode, por exemplo, animar e participar junto de movimentos e organizações sociais nas lutas democráticas necessárias, inclusive desafiando governos, para a implementação de instrumentos e medidas adequadas para uma nova ordem social.

Quando em algum lugar perdemos as nossas utopias, também perdemos o sentido do que é "ser humano". É urgente, pois, resgatar esse sentido. Como afirma, Altvater (2010, p. 334), "[...] a utopia concreta está presa com âncoras pesadas no fundo real da sociedade capitalista [...]", reificada, fetichizada nas relações de reprodução. É preciso resgatar a utopia, resgatar um sentido de humanidade, um fundamento comum pelo qual lutar. Até o momento, nem as teorias do desenvolvimento econômico, nem o aprofundamento da crise ambiental e suas soluções parcelares, conseguiram chegar ao âmago dessa questão. Justamente porque não tocaram no ponto fundamental: a monstruosidade das relações de reprodução no capitalismo contemporâneo. É preciso desfazer estes e outros mitos em direção a uma "utopia realizável".

Será que podemos estabelecer essa nova utopia, tendo como fundamento que a reprodução das relações sociais não foi nem é "natural" ou "normal"? Será que ainda não percebemos a necessidade de pôr tal reprodução sob controle social, para além dos mecanismos de mercado? Será que deixaremos o século XXI produzir uma proletarização global, a destruição do ser e da natureza? Para Žižek (2011, p. 83), "corremos o risco de perder tudo: a ameaça é que sejamos reduzidos a sujeitos abstratos vazios de todo conteúdo substancial, despossuídos de nossa substância simbólica, nossa base genética fortemente manipulada, vegetando num ambiente inóspito". Resta-nos a esperança de uma nova consciência, de uma nova política, de um novo Estado, de uma nova forma de propriedade, e de uma nova *práxis* social; que em algum momento, torne evidente a equivalência da vida humana em qualquer lugar do planeta. Será um despertar diante dessa grande degeneração, do ponto zero apocalíptico, da possibilidade da destruição do ser e da mãe-terra, será a nossa última revolução: uma revolução econômica.

5. Referências

ALTVATER, Elmar. O fim do capitalismo como o conhecemos: uma crítica radical do capitalismo. Rio de Janeiro: Civilização Brasileira, 2010.

AMSDEN, Alice A. A ascensão do "resto": os desafios ao Ocidente de economias com industrialização tardia. São Paulo: Editora UNESP, 2009.

APPADURAI, Arjun. Fadiga da democracia. In: APPADURAI, Arjun et al. A grande regressão: um debate internacional sobre os novos populismos e como enfrentá-los. São Paulo: Estação Liberdade, 2019.

BARAN, Paul Alexander. A economia política do desenvolvimento. São Paulo: Abril Cultural, 1984. (Coleção Os economistas)

BAUMAN, Zygmunt. Sintomas à procura de um objeto e um nome. In: APPADURAI, Arjun et al. A grande regressão: um debate internacional sobre os novos populismos e como enfrentá-los. São Paulo: Estação Liberdade, 2019.

BRAGA, José Carlos de Souza. Financeirização global: o padrão sistêmico de riqueza no capitalismo contemporâneo. In: TAVARES, Maria da Conceição; FIORI, José Luis (Orgs). Poder e dinheiro: uma economia política da globalização. 4ª ed. Petrópolis: RJ, 1998.

CARCANHOLO, Reinaldo A; NAKATANI, Paulo. O capital especulativo parasitário: uma precisão teórica sobre o capital financeiro, característico da globalização. Ensaios FEE, Porto Alegre, v. 20, 1999.

CHESNAIS, François. A mundialização do capital. São Paulo: Xamã, 1996.

DARWIN, Charles. A origem das espécies. São Paulo: Martin Claret, 2005.

EARLE, Joe; MORAN, Cahal; WARD-PERKINS, Zach. The Econocracy: The Perils of Leaving Economics to the Experts. Manchester University Press, 2016.

FONSECA, Manuel Alcino Ribeiro da. Planejamento e desenvolvimento econômico. São Paulo: Thomson Learning, 2006.

FURTADO, Celso. Teoria e política do desenvolvimento econômico. 10ª ed. São Paulo: Paz e Terra, 2000.

KINDLEBERGER, Charles P. Desenvolvimento econômico. São Paulo: McGraw-Hill, 1976.

KOCH-GONZALEZ, Jerry; RAU, Ted J. Muitas vozes uma canção: autogestão por meio da sociocracia. Curitiba: Voo, 2019.

KUZNETS, Simon. Crescimento econômico moderno: ritmo, estrutura e difusão. São Paulo: Abril Cultural, 1983. (Coleção Os economistas)

LEFEBVRE, Henri. A re-produção das relações de produção. Porto: Publicações Escorpião, 1973. (Cadernos O homem e a sociedade).

MANDEL, Ernest. O capitalismo tardio. São Paulo: Abril Cultural, 1982. (Coleção Os economistas)

MARAZZI, Christian. A violência do capitalismo financeiro. In: FUMAGALLI, Andreia; MEZADRA, Sandro (Orgs). A crise da economia global: mercados financeiros, lutas sociais e novos cenários políticos. Rio de Janeiro: Civilização Brasileira, 2011.

MARX, Karl; ENGELS, Friedrich. Manifesto do partido comunista. São Paulo: Boitempo, 2010.

MARX, Karl. Manuscritos econômicos-filosóficos. São Paulo: Boitempo, 2008.

_____. Contribuição à crítica da economia política. 2ª ed. São Paulo: Editora Expressão Popular, 2008a.

_____. Sobre a questão judaica. São Paulo: Boitempo, 2010a. (Coleção Marx-Engels)

_____. Crítica da filosofia do direito de Hegel. 2ª ed. São Paulo: Boitempo, 2010b.

_____. O Capital: crítica da economia política. Livro I: o processo de produção do capital. 2ª ed. São Paulo: Boitempo, 2017.

MORAIS, José Micaelson Lacerda. A última revolução: crítica de economia política. Crato-Ce: Amazon; Independently published, 2020.

MYRDAL, Gunnar. Aspectos políticos da teoria econômica. São Paulo: Abril Cultural, 1984. (Coleção Os economistas)

OLIVEIRA, Carlos Alonso Barbosa. Processo de industrialização: do capitalismo originário ao atrasado. São Paulo: Editora UNESP; Campinas, SP, UNICAMP, 2003.

RICARDO, David. Princípios de economia política e tributação. São Paulo: Abril Cultural, 1982. (Coleção Os economistas)

ROTHSCHILD, Emma. Sentimentos econômicos: Adam Smith, Condorcet e o Iluminismo. Rio de Janeiro: Record, 2003.

SASSEN, Saskia. Expulsões. Rio de Janeiro, 2016.

SCHUMPETER, Joseph Alois. Teoria do desenvolvimento econômico: uma investigação sobre lucros, capital, crédito, juro e ciclo econômico. São Paulo: Abril Cultural, 1982. (Coleção Os economistas)

SEN, Amartya. Desenvolvimento como liberdade. São Paulo: Companhia das Letras, 2000.

SMITH, Adam. A riqueza das nações: uma investigação sobre sua natureza e causas. Volumes I e II. São Paulo: Abril Cultural, 1983. (Coleção Os economistas)

SOUZA, Nali de Jesus de. Desenvolvimento econômico. 4ª ed. São Paulo: Atlas, 1999.

ŽIŽEK, Slavoj. Primeiro como tragédia, depois como farsa. São Paulo: Boitempo, 2011.

_____. Vivendo no fim dos tempos. São Paulo: Boitempo, 2012.